Zauber-tricks

die süßigkeiten des lebens

Zauber-tricks

JON ALLEN

Schritt für Schritt zaubern lernen – überraschend einfach

First published in 2004 under the title
»Simple magic tricks« by Hamlyn,
a division of Octopus Publishing Group Ltd.
2–4 Heron Quays, Docklands, London E14 4JP

Übersetzung: Gabi Lichtner
Lektorat: Diane Schöppe
Grafik: Barbara Zuniga
Illustration: Sudden Impact Media

ISBN 3-89769-712-2

Printed and bound in China

www.lardon-media.com

Inhalt

Einführung

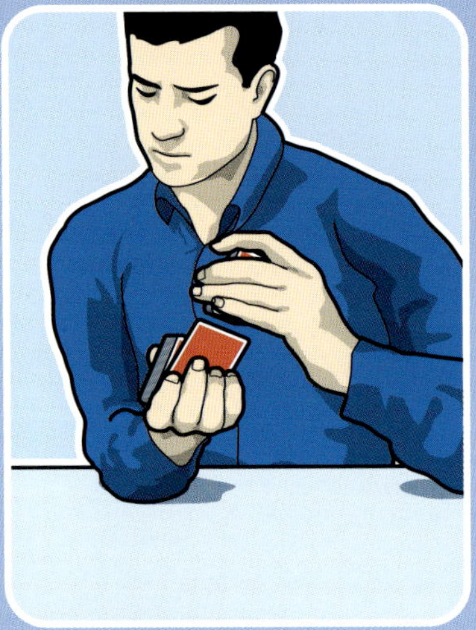

Herzlich willkommen im Reich der Magie! In diesem Buch finden Sie 75 Zaubertricks und Kunststücke – leicht durchzuführen und von jedem zu erlernen. Die Skala reicht von Voraussagen über das Verschwinden- und Erscheinenlassen bis zum Bewegen und Durchstechen eines Gegenstands. Trotz einfacher Methoden wirken diese Fingerstückchen wie pure Magie. Einige der Tricks gehören zu meinem eigenen Repertoire – daran sehen Sie, wie hoch ich diese einschätze.

Alle Tricks in diesem Buch funktionieren mit Alltagsgegenständen. Sie können sie also ganz spontan vorführen. Bittet man Sie um einen Zaubertrick, brauchen Sie nur ein Kartenspiel, eine Münze, einen Stift, ein Stück Papier, und schon können Sie in die Rolle des Magiers schlüpfen. Einige Tricks erfordern etwas Vorbereitung, aber in den meisten Fällen müssen Sie das nur einmal tun und haben dann Ihre Requisiten parat.

Für die hier gezeigten Tricks müssen Sie nicht über besondere Fingerfertigkeiten verfügen. Gut präsentierte, einfache Nummern sind für die Zuschauer oft genauso eindrucksvoll wie komplizierte Tricks, für die man jahrelang üben muss. Als Profi-Zauberer weiß ich, dass das, was der Zuschauer sieht, weit wichtiger ist als das, was man vor ihm verbirgt. Etwas üben müssen Sie natürlich – damit Sie locker und überzeugend wirken.

Trainieren Sie also den Umgang mit Ihren Requisiten und wiederholen Sie die Bewegungen so lange, bis Sie Ihnen ganz locker von der Hand gehen. Führen Sie dann den Trick vor einem Spiegel durch oder besser noch: Zeigen Sie ihn zunächst einem Freund oder

Verwandten. Denken Sie immer daran: Die Zuschauer sehen dorthin, wo Sie hinschauen. Um die Aufmerksamkeit von Ihren Händen abzulenken, sprechen Sie mit dem Publikum und sehen Sie es dabei an.

Das Geheimnis der Magie liegt nicht in den Requisiten, sondern darin, wie sie präsentiert werden. Das bloße Durchführen eines Tricks macht noch keine gute Unterhaltung. Bei vielen Tricks habe ich daher Tipps zur Präsentation gegeben. Unterschätzen Sie diese nicht; oft sind Feinheiten entscheidend für den Erfolg!

Jeder Zaubertrick macht den Zuschauern nur so viel Spaß wie dem Zauberer selbst. Und jeder hat seine eigene Persönlichkeit. Durch Ihre ganz eigene Art machen Sie jeden von Ihnen gezeigten Trick einzigartig. Ich würze meine Vorstellungen mit viel Humor und, weil mir die Zuschauer gern zusehen, machen sie sich nicht allzu viele Gedanken darüber, wie die Tricks funktionieren. Am besten, Sie kopieren niemanden, sondern finden Ihren eigenen Stil.

Und nun viel Spaß beim Zaubern!

Ihr

Jon Allen

Die gleiche Karte finden

DIE TÄUSCHUNG
Sie legen zwei Kartenspiele auf den Tisch, von denen ein Spiel eine umgedrehte Karte enthält. Deren Entsprechungskarte finden Sie im zweiten Spiel. Ein Zuschauer hebt das zweite Spiel an einer beliebigen Stelle ab und legt den abgehobenen Stapel neben den anderen. Sie fächern nun das erste Spiel auf, sodass die umgedrehte Karte zu sehen ist. Es ist die gleiche Karte wie die unterste in dem abgehobenen Stapel. Dieser Kartentrick ist sehr einfach, geht schnell, und Sie werden Ihr Publikum stets beeindrucken.

SIE BRAUCHEN:
2 Kartenspiele

SCHWIERIGKEIT: STUFE 1

1 Bevor Sie anfangen, merken Sie sich die oberste Karte eines Spiels, dies ist die »Zauberkarte«. Suchen Sie die gleiche Karte im anderen Spiel und stecken Sie diese verkehrt herum etwa in die Mitte des Spiels zurück.

2 Nun bitten Sie einen Zuschauer, das andere Spiel abzuheben und den abgehobenen Stapel neben den anderen zu legen. Geben Sie Ihrem Mitspieler nur die Anweisung, dass er ungefähr in der Mitte abheben soll.

3 Nehmen Sie den ursprünglich unteren Teil des Kartenspiels und legen Sie ihn um 90 Grad gedreht auf den vorherigen oberen Teil. Die Zuschauer werden glauben, dass Sie damit die Stelle markieren wollen, wo abgehoben wurde.

4 **Fächern Sie nun das zweite Spiel so auf, dass die umgedrehte Karte sichtbar wird. Weisen Sie darauf hin, dass sie bereits umgedreht war, bevor abgehoben wurde.**

5 **Heben Sie jetzt den oberen Kartenstapel vom ersten Spiel ab und fordern Sie den Zuschauer auf, die oberste Karte des unteren Stapels aufzudecken. Sie ist das Ebenbild der umgedrehten Karte im anderen Spiel.**

PRÄSENTATION

- *Die »Zauberkarte« war am Anfang die oberste Karte. Aber während die Zuschauer das Aufdecken des zweiten Kartenspiels beobachteten, haben sie das vergessen – vor allem, wenn Sie betonen, dass Ihr Helfer ja selbst bestimmen konnte, wo er abheben wollte.*

Die wandernde Karte

DIE TÄUSCHUNG

Aus einer Anzahl Karten bilden Sie zwei Stapel. Eine einzelne Karte wird in den einen Stapel gesteckt, verschwindet daraus und taucht in dem anderen Stapel wieder auf.

Dieser Trick funktioniert wie von selbst, aber Ihr Publikum wird beeindruckt sein. Ein Zuschauer ist beteiligt und alles geht völlig offen zu. Trotzdem können Sie die einzelne Karte von einem Stapel in den anderen wandern lassen.

SIE BRAUCHEN:

1 Kartenspiel

SCHWIERIGKEIT: STUFE 1

1 Ein Zuschauer legt die Hände auf den Tisch, Sie stecken zwei Karten zwischen den kleinen und den Ringfinger und sagen laut »Zwei«. Je zwei Karten zwischen Ring- und Mittelfinger, Mittel- und Zeigefinger sowie Zeigefinger und Daumen schieben. Jedesmal »Zwei« sagen. Bei der anderen Hand genauso verfahren, aber zwischen kleinen und Ringfinger nur eine Karte stecken.

2 Greifen Sie das erste Kartenpaar und legen Sie die beiden Karten nebeneinander, während Sie sagen: »Diese zwei Karten kommen hierher.« Nun das nächste Paar nehmen und je eine auf die ersten zwei Karten legen, während Sie die Worte wiederholen. Tun Sie das Gleiche mit allen Kartenpaaren in beiden Händen, bis Sie zu der einzelnen Karte kommen.

3 Fragen Sie Ihren Mitspieler, in welchen Stapel Sie diese Karte stecken sollen, und stecken Sie dann die Karte etwa in die Mitte des ausgewählten Stapels. Klopfen Sie beide Stapel schön gerade und legen Sie diese ordentlich nebeneinander.

4 **Machen Sie eine beschwörende Handbewegung über den Stapeln. Nehmen Sie den auf, in den Sie die einzelne Karte gesteckt haben. Heben Sie die obersten zwei Karten ab, legen Sie diese auf den Tisch und sagen Sie dabei »Zwei«. Wiederholen Sie dies mit den nächsten drei Paaren und legen Sie diese ebenfalls darauf. Die einzelne Karte scheint verschwunden zu sein!**

5 **Nehmen Sie sich nun den zweiten Stapel vor. Wiederholen Sie das Abzählen von jeweils zwei Karten und legen Sie diese auf den Tisch, wobei Sie laut »Zwei« sagen. Nach dem dritten Paar halten Sie nur noch eine einzelne Karte in der Hand. Werfen Sie sie auf den Tisch und sagen Sie laut: »Und hier ist die einzelne Karte!«**

6 **Achten Sie darauf, die Karten immer in Paaren abzuzählen und nicht einzeln. Nehmen Sie je zwei Karten auf einmal, die Sie dann auf den Tisch legen.**

PRÄSENTATION:

- *Dies ist ein mathematischer Trick, der durch Ihre Art der Vorführung und das, was Sie sagen, verdeckt wird. Das Wiederholen derselben Worte, wenn Sie die Kartenpaare bewegen, lenkt davon ab, dass Sie die anfangs geformten Kartenpaare trennen und am Ende neue Paare bilden.*
- *Man kann den Trick abwandeln, indem man die Kartenstapel zu beiden Seiten eines Stiftes legt. Dieser wirkt wie eine Mauer, über die die einzelne Karte nicht hinüberbewegt werden kann.*

Eine Karte wiederfinden

DIE TÄUSCHUNG
Während Sie nicht hinsehen, zieht jemand aus dem Kartenspiel eine Karte, merkt sie sich und steckt sie zurück. Sie wissen, welche Karte er gewählt hat.

SIE BRAUCHEN:
1 Kartenspiel

SCHWIERIGKEIT: STUFE 1

PRÄSENTATION:
- *Auch nach mehrmaligem Abheben befindet sich die ausgewählte Karte immer neben Ihrer Leitkarte. Das Spiel darf allerdings nicht gemischt werden. Kennen Sie erst einmal die ausgewählte Karte, können Sie sie auf verschiedene Arten enthüllen.*

1 **Lassen Sie jemanden eine Karte aus dem Spiel ziehen. Während er sich die Karte ansieht und sie den anderen zeigt, sehen Sie sich heimlich die unterste Karte des Spiels an. Diese Karte ist Ihre Leitkarte.**

2 **Heben Sie die obere Hälfte des Spiels ab und legen Sie sie auf den Tisch. Bitten Sie den Zuschauer, seine Karte darauf zu legen. Legen Sie nun den ursprünglich unteren Teil der Karten obenauf. Ihre Leitkarte liegt jetzt auf der ausgewählten Karte.**

3 **Sie kennen zwar nicht die ausgewählte Karte, aber die, die über ihr liegt – Ihre Leitkarte. Wenn Sie die Karten auffächern und durchsehen, ist die Karte vor Ihrer Leitkarte die vom Zuschauer ausgewählte.**

Kartenregen

DIE TÄUSCHUNG
Eine Karte wird ausgewählt und ins Spiel zurückgesteckt, während Sie nicht hinsehen. Schlagen Sie dem Zuschauer alle Karten bis auf die von ihm gewählte aus der Hand.

SIE BRAUCHEN:
1 Kartenspiel

SCHWIERIGKEIT: STUFE 2

PRÄSENTATION

- *Können Sie dem Zuschauer die Karten nicht aus der Hand schlagen, bitten Sie ihn, seinen Griff zu lockern. Bleiben Karten zurück, wiederholen Sie das Kartenschlagen. Sind es nur noch wenige, ziehen Sie diese bis auf die unterste weg und werfen sie auf den Tisch.*

1 Lassen Sie eine Karte auswählen und stecken Sie diese wie auf Seite 12 beschrieben neben Ihre Leitkarte. Der Zuschauer kann mehrmals abheben. Halten Sie die Karten mit der Bildseite vor sich und tun Sie, als suchten Sie nach der ausgewählten Karte. Heben Sie das Spiel so ab, dass die gewählte Karte ganz unten liegt.

2 Bitten Sie den Zuschauer, Ihnen seine offene Handfläche hinzuhalten, und legen Sie das Kartenspiel mit der Bildseite nach unten auf seine Fingerspitzen. Fordern Sie ihn auf, seinen Daumen obenauf zu legen und das Spiel nicht zu fest, aber auch nicht zu locker zu halten.

3 Jetzt schlagen Sie mit den Fingerspitzen auf den unteren Rand des Spiels. (Das erfordert Übung!) Alle Karten werden weggeschlagen – bis auf eine. Ihr Mitspieler soll nun sagen, welche Karte er sich gemerkt hat. Drehen Sie die Karte in seiner Hand um – es ist die Karte, die er ausgewählt hat!

Kartenfinden durch Pulsfühlen

DIE TÄUSCHUNG
Jemand wählt eine Karte und steckt sie wieder ins Spiel, ohne dass Sie es sehen. Sie geben vor, durch das Fühlen seines Pulses die Karte zu finden.

SIE BRAUCHEN:
1 Kartenspiel

SCHWIERIGKEIT: STUFE 1

PRÄSENTATION

- *Damit dieser Trick möglichst echt wirkt, fühlen Sie dem Zuschauer wirklich den Puls. Halten Sie nicht sofort bei der Karte an, wenn sein Finger darüber schwebt, sondern führen Sie die Hand ein Stück weiter und dann zurück, als hätten Sie etwas gefühlt, wären sich aber nicht ganz sicher.*

1 **Lassen Sie einen Zuschauer eine Karte auswählen und bringen Sie diese wie auf Seite 12 beschrieben neben Ihre Leitkarte. Das Spiel kann beliebig oft abgehoben werden. Breiten Sie die Karten mit dem Bild nach oben aus. Sie sehen Ihre Leitkarte und wissen, dass darüber die ausgewählte Karte ist.**

2 **Bitten Sie den Zuschauer, die Hand mit ausgestrecktem Zeigefinger vor die Karten zu halten. Fühlen Sie seinen Puls, indem Sie ihm zwei Finger unterhalb des Daumens auf das Handgelenk legen. Wenn er seinen Zeigefinger über die ausgebreiteten Karten schweben lässt, tun Sie so, als würden Sie bei der ausgewählten Karte spüren, wie der Puls schneller wird. Rufen Sie »Halt!«, um zu zeigen, dass Sie die Veränderung bemerkt haben und nun wissen, um welche Karte es sich handelt.**

Eine Karte steigt auf

DIE TÄUSCHUNG

Dieser Trick ist doppelt magisch: Sie können nicht nur die ausgewählte Karte erkennen, sondern sie auch aus dem Kartenspiel aufsteigen lassen.

SIE BRAUCHEN:

1 Kartenspiel

SCHWIERIGKEIT: STUFE 2

PRÄSENTATION

- *Bitten Sie den Zuschauer, die erwählte Karte vor dem Zurückstecken an seinem Ärmel zu reiben. Sie selbst reiben Ihren Zeigefinger an Ihrem eigenen Ärmel, bevor Sie ihn an die Karte halten. Es wird so aussehen, als würde die Karte an Ihrem Zeigefinger durch geheime Kraft hängen bleiben.*

1 **Merken Sie sich Ihre Leitkarte (siehe Seite 12), während jemand eine Karte auswählt. Stecken Sie diese neben Ihre Leitkarte und lassen Sie den Zuschauer ein paar Mal abheben. Halten Sie die Karten mit dem Bild zu sich, Sie sehen Ihre Leitkarte und die gewählte Karte. Heben Sie genau dazwischen ab, sodass die Leitkarte zuunterst und die gewählte Karte zuoberst liegen.**

2 **Halten Sie das Spiel so in der linken Hand, dass Ihr Publikum die Karten hinter Ihrem Handrücken hervorschauen sieht. Nun führen Sie die rechte Hand hinter das Kartenspiel und lassen Ihren Zeigefinger obenauf liegen. Den kleinen Finger strecken Sie aus, sodass er die oberste Karte – die ausgewählte – mit leichtem Druck berührt. Heben Sie die Hand und die ausgewählte Karte wird von Ihrem kleinen Finger nach oben geschoben. Es wirkt, als würde sie an Ihrem ausgestreckten Zeigefinger haften.**

Die verdeckte Karte

DIE TÄUSCHUNG
Jemand hebt die Karten unter einem Tuch ab und trotzdem wissen Sie, über welcher Karte abgehoben wurde.

SIE BRAUCHEN:
1 Kartenspiel
1 Tuch oder 1 Serviette

**SCHWIERIGKEIT:
STUFE 3**

PRÄSENTATION

- *Bei diesem Trick kennen Sie die betreffende Karte von Anfang an. Üben Sie, die Karten mit einer Hand unter dem Taschentuch umzudrehen. Achten Sie darauf, dass die Karten wieder umgedreht sind, wenn sie zum Vorschein kommen. Man darf nicht sehen, dass die Hand, die das Spiel hält, sich bewegt.*

1 Bevor Sie beginnen, sehen Sie sich die oberste Karte an. Halten Sie das Spiel mit dem Bild nach unten in der rechten Hand und legen Sie mit der linken das Taschentuch darüber. Wenn das Publikum die Karten nicht mehr sieht, drehen Sie das Spiel unter dem Tuch mit der rechten Hand mit den Bildern nach oben. Die Bilder dürfen nicht durchscheinen.

2 Bitten Sie jemanden, die Karten durch das Tuch hindurch abzuheben. Sobald der Zuschauer dies getan hat, drehen Sie die restlichen Karten in Ihrer Hand wieder mit dem Bild nach unten – versteckt unter dem Tuch (siehe unten). Dann ziehen Sie diese Karten unter dem Tuch hervor.

3 Reichen Sie dem Zuschauer die oberste Karte, als sei es die, über der er abgehoben hat. Nehmen Sie Karten und Tuch zurück. Während der Zuschauer seine Karte anschaut, unteren Stapel unter das Tuch legen, umdrehen und dem anderen Teil hinzufügen. Das ganze Spiel wieder umdrehen und zeigen. »Erraten« Sie zum Schluss die Karte in der Hand des Zuschauers.

Immer einen Schritt voraus

DIE TÄUSCHUNG
Jedes Mal, wenn Sie abheben, kennen Sie die oberste Karte. Dieser Trick zeigt, dass Ihre erste Voraussage kein Zufall war!

SIE BRAUCHEN:
1 Kartenspiel

SCHWIERIGKEIT: STUFE 1

PRÄSENTATION
- *Sie können mehrere Male abheben, aber nicht mehr als drei- oder viermal. Beim letzten Mal hebt ein Zuschauer ab und schaut sich die Karte an. Tun Sie so, als konzentrierten Sie sich auf die Karte, die Ihnen sagt, welche die oberste Karte des anderen Stapels ist.*

1 Mischen Sie das Spiel in Ihrer rechten Hand, die Bildseiten sollten Ihnen zugewandt sein. Drücken Sie mit den Fingern die oberste Karte leicht hoch, damit Sie diese erkennen können. Dann beenden Sie das Mischen und legen die Karten mit der Bildseite nach unten auf den Tisch.

2 Heben Sie etwa in der Mitte ab. Sehen Sie sich die Karte an, über der Sie abgehoben haben und legen Sie sie zurück. Behaupten Sie, dass diese Karte Ihnen verrät, welche Karte oben auf dem anderen Stapel liegt. Karte benennen (vorher beim Mischen merken) und aufdecken. Legen Sie sie, Bildseite unten, zurück, den anderen Stapel darauf.

3 Wiederholen Sie das Ganze mit der Karte, die nun zuoberst liegt und die Sie sich gerade gemerkt haben. Wieder abheben, oberste Karte des liegen gebliebenen Stapels merken, zurücklegen, oberste Karte des anderen Stapels benennen. Dies ist diejenige, die Sie sich vorher von dem liegen gebliebenen Stapel gemerkt haben.

Zwei Karten liegen umgedreht

DIE TÄUSCHUNG
Zwei ausgewählte Karten werden ins Spiel zurückgesteckt, das zur Hälfte bildoben liegt. Beim Aufdecken liegen nur noch die ausgewählten Karten bildunten.

SIE BRAUCHEN:
1 Kartenspiel

SCHWIERIGKEIT: STUFE 3

PRÄSENTATION

- *Lenken Sie die Aufmerksamkeit der Zuschauer ab, während Sie eine heimliche Bewegung machen, so nennt man unter Magiern eine Finte. Bei diesem Trick hier stecken Sie Ihre Karte in den Kartenstapel des Zuschauers, um damit Ihr Publikum in die Irre zu führen.*

1 Karten mischen und in zwei Hälften teilen. Ein Zuschauer soll sich eine Hälfte aussuchen und seine Karten mischen, während Sie Ihre mischen. Hören Sie vor ihm auf, sehen Sie sich heimlich die unterste Karte an und merken sich diese. Dann drehen Sie sie heimlich um.

2 Bitten Sie den Zuschauer, seine Karten auszubreiten, eine wegzunehmen und sich diese zu merken. Tun Sie das Gleiche mit Ihren Karten. Sie brauchen sich Ihre Karte nicht wirklich zu merken, nur diejenige, die Sie vorher umgedreht haben.

3 Der Zuschauer soll Ihnen nun seinen Stapel, Bildseite unten, entgegenhalten, damit Sie Ihre Karte hineinstecken können. Während alle auf Ihre Karte schauen, drehen Sie den Stapel in Ihrer Hand heimlich um – mit dem Arm tarnen! Durch die vorher umgedrehte Karte sieht es aus, als würden die Karten noch immer mit der Bildseite nach unten liegen.

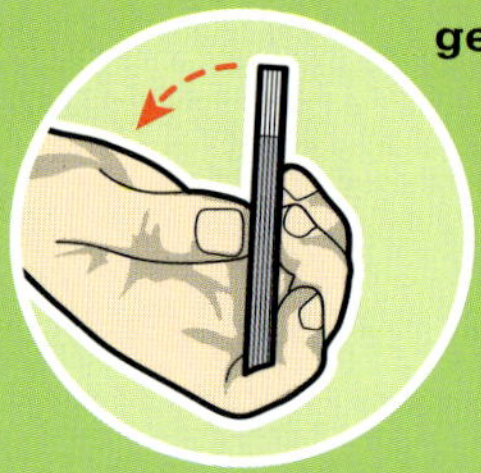

4 Achten Sie beim Halten Ihrer Karten gut darauf, dass die Bilder der unteren Karten nicht zu sehen sind. Bitten Sie den Zuschauer, seine Karte mit der Bildseite unten in Ihren Stapel zu stecken. Ihre Karten müssen dabei exakt übereinander liegen bleiben, damit das Publikum nicht merkt, dass die Bildseite einiger Karten nach oben zeigt.

5 Bitten Sie den Zuschauer um den oberen Teil seiner Karten. Diesen drehen Sie um und legen ihn so unter Ihre Karten, dass etwa die Hälfte hervorschaut. Den anderen Stapel des Zuschauers auch umdrehen und so legen, dass die Karten noch halb zu sehen sind. Zeigen Sie, dass die Bilder einer Kartenhälfte oben, die anderen unten liegen, dann Karten zusammenschieben.

6 Sagen Sie nun, dass Sie versuchen werden, alle Karten bis auf die zwei ausgewählten in dieselbe Richtung zu bringen. Nennen Sie die Karte, die Sie anfangs umgedreht haben, Ihr Mitspieler nennt seine Karte. Nun breiten Sie das Spiel, Bildseite oben, aus – nur zwei Karten liegen anders herum. Drehen Sie sie um – es sind die beiden Karten, die Sie und Ihr Mitspieler ausgewählt haben.

Gleiche Handlungen – gleiche Karte

DIE TÄUSCHUNG
Auch hier arbeiten Sie wieder mit einem Zuschauer zusammen. Sie haben beide ein Kartenspiel und tun genau das Gleiche: mischen, eine Karte auswählen und zurückstecken. Wenn Sie Ihre Karten aufdecken, haben Sie wie durch ein Wunder die gleichen Karten gewählt! Ein einfacher, aber eindrucksvoller Trick, den auch viele Profi-Zauberer anwenden.

SIE BRAUCHEN:
2 Kartenspiele mit unterschiedlichen Rückseiten

SCHWIERIGKEIT: STUFE 2

1 Geben Sie einem Zuschauer ein Kartenspiel und behalten Sie das andere. Jeder mischt seins. Erhaschen Sie am Ende des Mischens einen Blick auf die unterste Karte Ihres Spiels – diese wird Ihre Leitkarte (siehe Seite 12). Legen Sie Ihr Spiel vor den Zuschauer, der seines vor Sie legt.

2 Heben Sie etwa zwei Drittel Ihres Spiels ab und platzieren Sie den Stapel links von dem übrig gebliebenen Teil. Der Zuschauer tut dasselbe. Jetzt von dem größeren Stapel etwa die Hälfte abheben und an die linke Seite legen. Wieder tut der Zuschauer das Gleiche. Vor Ihnen liegen je drei etwa gleich große Stapel.

3 Drehen Sie die oberste Karte Ihres mittleren Stapels um und sehen Sie diese an, der Zuschauer tut das Gleiche. Sie brauchen sich die Karte nicht wirklich zu merken. Achten Sie darauf, dass niemand anders sie sieht. Legen Sie sie zurück; der Zuschauer tut dasselbe.

4 **Nehmen Sie den Stapel zu Ihrer Rechten auf – ursprünglich der unterste. Auf den Mittelstapel legen, dann diesen größeren Stapel auf den rechten. Der Zuschauer tut dasselbe. Wenn der Zuschauer den ursprünglich untersten auf seinen mittleren Stapel legt, kommt Ihre Leitkarte über seine ausgewählte Karte.**

5 **Tauschen Sie die Spiele. Schauen Sie auf die Karten und kündigen Sie an, dass Sie jetzt beide die gemerkten Karten heraussuchen. Vor Ihrer Leitkarte liegt die vom Zuschauer ausgewählte Karte, diese legen Sie Bild nach unten auf den Tisch. Der Zuschauer legt die entsprechende Karte aus Ihrem Spiel ebenso bildunten auf den Tisch.**

6 **Weisen Sie darauf hin, dass der Zuschauer während des Zaubertricks all Ihre Handlungen wiederholt hat. Behaupten Sie, dass Sie beide genau das Gleiche getan haben, und also auch die gleichen Karten ausgewählt haben. Nun lassen Sie den Zuschauer seine Karte umdrehen. Drehen Sie Ihre auch um und erfreuen Sie sich an den überraschten Gesichtern des Publikums.**

PRÄSENTATION

- *Bevor am Ende die beiden Karten aufdeckt werden, erinnern Sie daran, was getan wurde. Beide Spiele wurden gemischt und abgehoben, und die Kartenwahl war beliebig. Der Zuschauer wird das behalten, was Sie ihm sagen; was Sie ihm nicht sagen, wird er vergessen, zum Beispiel, dass Sie die Spiele ausgetauscht haben.*
- *Betonen Sie, dass der Zuschauer all Ihre Handlungen kopiert hat und wie erstaunlich es ist, dass Sie trotz aller Zufälligkeiten beide die gleichen Karten gewählt haben.*

Rot zu rot, schwarz zu schwarz

DIE TÄUSCHUNG:
Ein Zuschauer mischt ein Kartenspiel. Wenn Sie die Karten in zwei Stapel geteilt haben, sind schwarze und rote Karten getrennt.

SIE BRAUCHEN:
1 Kartenspiel

**SCHWIERIGKEIT:
STUFE 2**

PRÄSENTATION

- *Bevor Sie die Karten am Ende aufdecken, beschreiben Sie das, was das Publikum behalten soll. So vergisst es, dass Sie das Spiel geteilt haben.*
- *Achten Sie darauf, wie der Zuschauer mischt. Wenn Karten herausfallen oder er anders mischt, funktioniert der Trick nicht.*

1 **Bereiten Sie ein Kartenspiel so vor, dass immer abwechselnd eine rote und eine schwarze Karte darin liegen. Lassen Sie einen Zuschauer das Spiel auf Riffel-Art mischen: Dafür wird das Spiel in zwei Hälften geteilt und die Karten werden abwechselnd, von jedem Stapel eine, ineinander geschoben. Dies darf nur einmal ausgeführt werden, sonst funktioniert der Trick nicht.**

2 **Nehmen Sie die Karten zurück und fächern Sie sie auf, um zu zeigen, dass die roten und schwarzen Karten gut gemischt sind. Dabei suchen Sie etwa in der Mitte zwei Karten der gleichen Farbe heraus und teilen das Spiel zwischen diesen beiden Karten.**

3 **Machen Sie aus dem Spiel zwei Stapel jeweils mit den Bildern nach unten. Der Zuschauer sucht sich einen Stapel aus und hebt ihn auf, während Sie den anderen aufnehmen. Legen Sie die oberste Karte Ihres Stapels (Bild nach oben) auf den Tisch. Der Zuschauer legt seine oberste Karte (Bild nach unten) diagonal zu Ihrer Karte.**

4 Decken Sie Ihre nächste Karte ab. Hat sie dieselbe Farbe wie die erste, legen Sie sie darauf, ansonsten daneben. Der Zuschauer tut immer dasselbe, nur legt er seine Karten mit dem Bild nach unten. Fahren Sie fort und legen Sie alle roten Karten auf einen Stapel und alle schwarzen auf den anderen. Gegenüber Ihren Stapeln sind nun zwei Stapel mit den Karten Bildseite unten.

5 Drehen Sie die bildunten liegenden Stapel um und legen Sie diese jeweils auf die bildoben gegenüberliegenden Stapel. Die Farbe der untersten Karte des Bildunten-Stapels sollte mit der obersten des entsprechenden Bildoben-Stapels übereinstimmen.

6 Nehmen Sie den ersten Stapel auf und fächern Sie die Karten auf dem Tisch aus; der Stapel enthält nur Karten einer Farbe. Tun Sie das Gleiche mit dem anderen Stapel, der nur Karten der anderen Farbe enthält. Trotz allen Mischens und Austeilens haben sich die Farben voneinander getrennt.

Eine Schnur wächst zusammen

DIE TÄUSCHUNG

Nachdem Sie eine Schnur durch einen Strohhalm gefädelt haben, durchschneiden Sie den Strohhalm und zeigen beide Hälften dem Publikum. Doch dann ziehen Sie die Schnur unversehrt aus dem Strohhalm. Dies ist ein sehr bemerkenswerter Trick. Er erfordert nur wenig Vorbereitung und Übung. Sie werden Ihre Zuschauer dennoch in Erstaunen versetzen.

SIE BRAUCHEN:

1 Stück Schnur, etwa 30 Zentimeter lang
1 Strohhalm
1 Schere

SCHWIERIGKEIT: STUFE 3

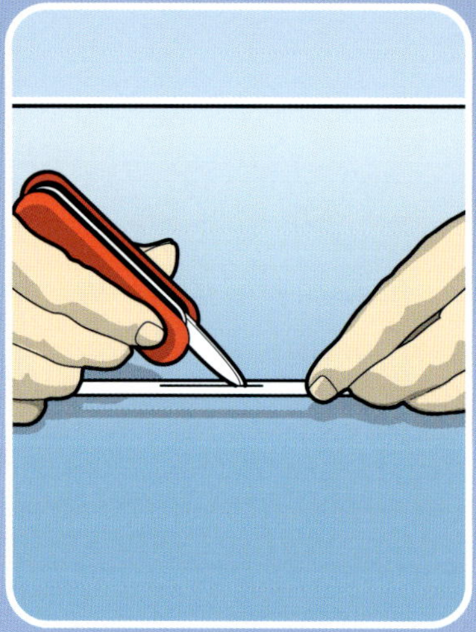

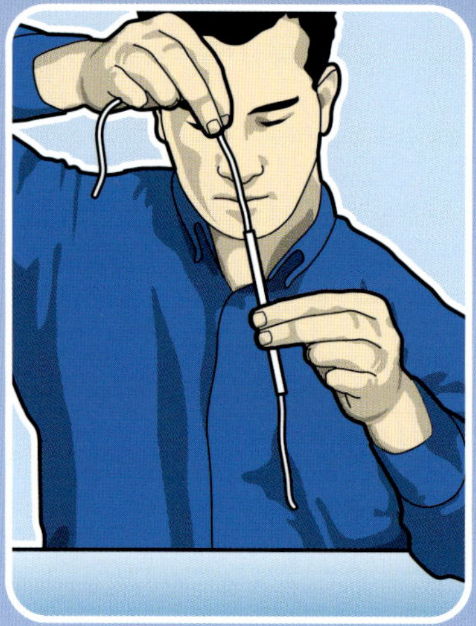

1 Bereiten Sie den Strohhalm vor: Schneiden Sie in der Mitte, der Länge nach, einen Schlitz von etwa vier Zentimetern. Ist der Strohhalm farbig gestreift, schneiden Sie am Farbansatz, damit der Schlitz nicht auffällt.

2 Fädeln Sie nun die Schnur so durch den Strohhalm, dass dieser sich in der Mitte der Schnur befindet. An jedem Ende sollten etwa zehn Zentimeter Schnur heraushängen. Halten Sie den Strohhalm waagerecht, sodass der Schlitz unten liegt.

3 Halten Sie den Strohhalm in beiden Händen, die Daumen darunter liegen dicht zusammen. Drücken Sie leicht gegen den Schlitz. Biegen Sie den Strohhalm in zwei Hälften, indem Sie die Daumen nach oben drücken und die Hände nach unten bewegen. Mit den Daumen sorgen Sie dafür, dass sich der Schlitz weder weitet noch anderweitig zu entdecken ist.

4 Halten Sie den Strohhalm in der linken Hand und fassen Sie mit der rechten die Enden der Schnur. Ziehen Sie die Enden nach unten, sodass die Schnur nach unten und durch den Schlitz gezogen wird. Mit den Fingern der linken Hand die Schnur verbergen.

5 Den Strohhalm mit der Schere über der Schnur durchschneiden. Mit den Fingern der linken Hand weiterhin die Schnur verdecken und zeigen, dass der Strohhalm nun aus zwei Teilen besteht.

6 Den Strohhalm in die rechte Hand nehmen und waagerecht halten – eine Hälfte mit der Spitze des kleinen Fingers, die andere mit dem Daumenansatz.

7 Nun ziehen Sie die Schnur mit der linken Hand langsam an einem Ende vollständig aus dem Strohhalm heraus. Halten Sie diese hoch und erfreuen Sie sich an den Gesichtern Ihrer Zuschauer – die Schnur ist wunderbarerweise unversehrt!

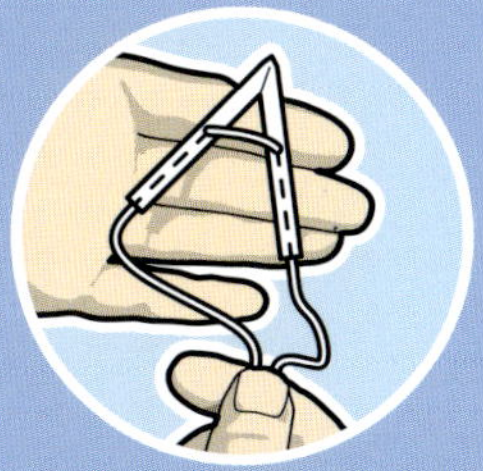

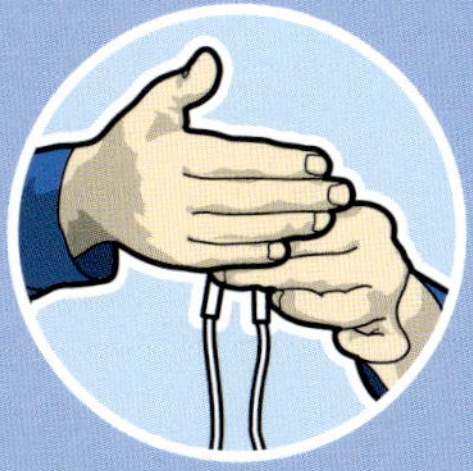

Mitten durch den Arm

DIE TÄUSCHUNG
Dieser einfache Trick wird Ihre Zuschauer verblüffen. Vor ihren Augen durchdringt eine Schnur einen Arm.

SIE BRAUCHEN:
1 Stück Schnur, etwa 75 Zentimeter lang, zur Schlinge verknotet

SCHWIERIGKEIT: STUFE 2

PRÄSENTATION

- *Üben Sie das Einhaken des linken Fingers in die rechte Schlaufe, bis Sie es können, ohne hinzusehen.*
- *Bei der letzten Bewegung ist Schnelligkeit besonders wichtig: die Schlinge straff ziehen und sofort beide Hände nach oben bewegen. Das erzeugt die Täuschung.*

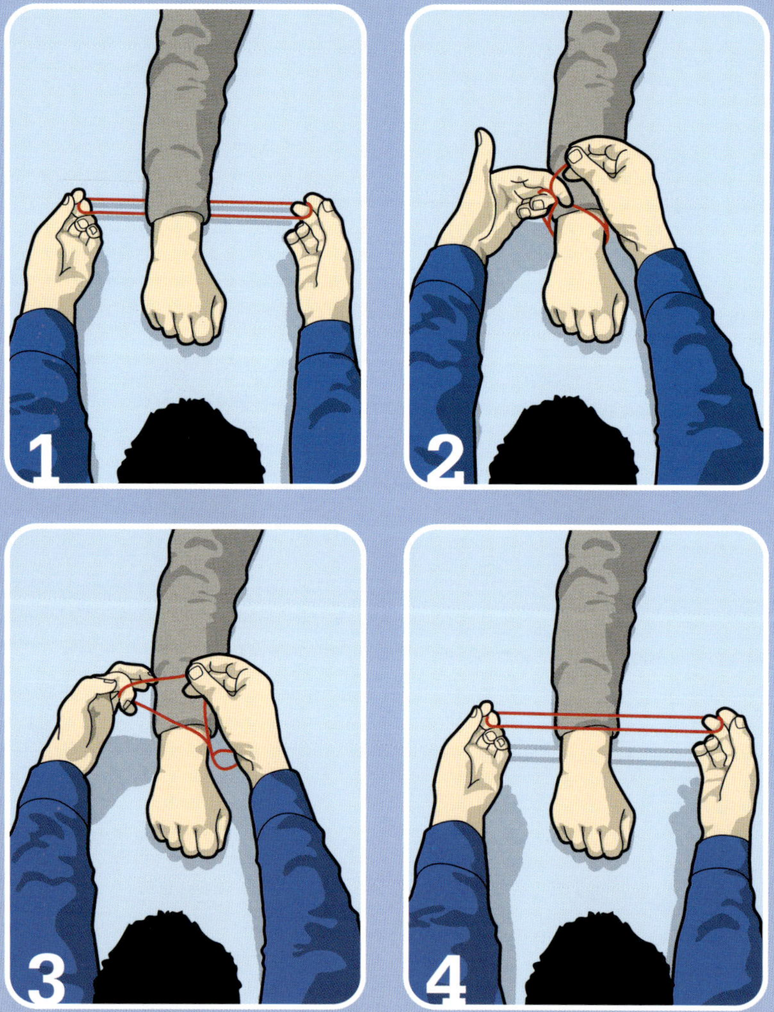

1 Schieben Sie die Schlinge unter den Arm eines Zuschauers und halten Sie diese zwischen beiden Mittelfingern straff. Beide Hände heben, sodass sie fast über dem Arm zusammenkommen, dann zurück in die ursprüngliche Position bewegen.

2 Wenn Sie beim dritten oder vierten Mal die Hände nach oben bringen, haken Sie heimlich den linken Zeigefinger in die rechte Schlaufe.

3 Während Sie die Hände wieder abwärts bewegen, lassen Sie die Schlaufe vom linken Mittelfinger gleiten und ziehen die Schlinge mit dem linken Zeigefinger nach links.

4 Heben Sie nun beide Hände rasch nach oben – es wirkt, als hätte die Schnur direkt den Arm des Zuschauers durchdrungen.

Nicht den Kopf verlieren

DIE TÄUSCHUNG
Eine um Ihren Hals gelegte Schlinge wird wunderbarerweise durch Fleisch und Knochen hindurch nach vorn gezogen.

SIE BRAUCHEN:
1 dünnen Schal,
etwa 1,5 Meter lang

SCHWIERIGKEIT:
STUFE 4

PRÄSENTATION

- *Achten Sie darauf, dass die Schlinge an Ihrem Hinterhals verborgen bleibt und von der Seite nicht zu sehen ist. Üben Sie, die Schlinge hinter Ihren Hals zu legen, während die linke Hand das Ende des Schals hochführt und um Ihren Kopf herumlegt.*

1 Legen Sie sich den Schal um den Hals, das linke Ende (immer von Ihnen aus gesehen) ist länger als das rechte. Ergreifen Sie mit der rechten Hand das linke Stück Schal etwa in der Mitte. Mit der linken Hand fassen Sie das rechte Stück nahe dem Ende. Der Schal ist hinter Ihren Armen.

2 Heben Sie die rechte Hand mit dem Schal rechts neben Ihren Hals. Gleichzeitig führen Sie die linke Hand nach oben, sodass das längere Ende auf dem kürzeren liegt und eine Schlaufe formt.

3 Das kürzere Ende hochnehmen und um die rechte Halsseite herumführen, sodass es vor der linken Schulter herunterhängt. Dabei die Schlaufe in der rechten Hand loslassen, sie ist jetzt hinter Ihrem Hals versteckt. Beide Enden ergreifen und nach vorn ziehen. Es sieht aus, als durchdringe der Schal Ihren Hals.

Eine mysteriöse Verbindung

DIE TÄUSCHUNG
Zwei einzelne, gebogene Schnüre sind plötzlich miteinander verbunden. Diesen einfachen Trick kann Ihr Publikum nicht durchschauen. Von der Flasche verborgen, können Sie schnell und einfach Ihre Zauberei durchführen.

SIE BRAUCHEN:
2 Schnüre
1 dunkle Flasche mit Etikett

SCHWIERIGKEIT: STUFE 4

1 Stellen Sie die Flasche vor sich auf den Tisch. Biegen Sie die beiden Schnüre in der Mitte um und halten Sie diese oben in der Nähe der Schlaufe fest. Nun führen Sie beide Schlaufenenden hinter die Flasche, sodass sie nicht zu sehen sind.

2 Von der Flasche verdeckt, die rechte Schlaufe hinter die linke legen und diese mit Finger und Daumen durchschieben, bis Sie sie umknicken und ergreifen können. Das Gleiche mit der linken Schlaufe tun, sodass schließlich jede Hand eine umgebogene Schlaufe hält. Die Schnüre sind nun an zwei Stellen miteinander verbunden, oberhalb und unterhalb der Stelle, wo Sie die Schlaufen halten.

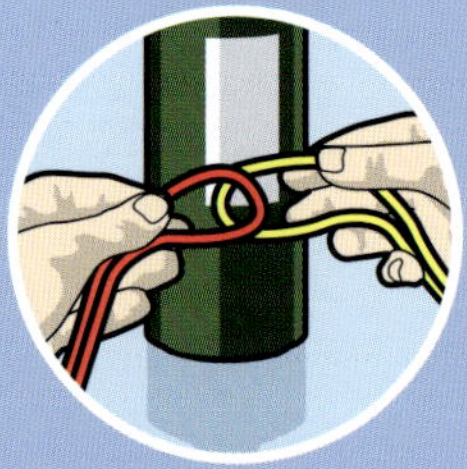

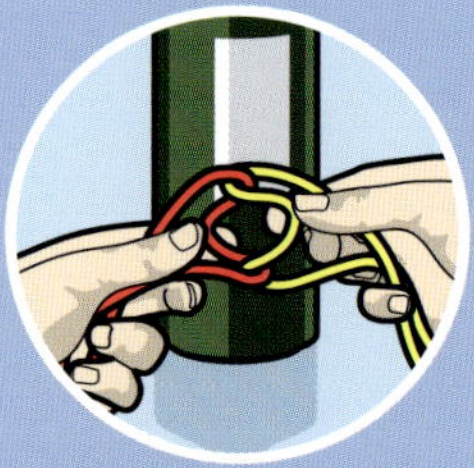

3 Während Sie die Schnüre über die Flasche führen, behalten Sie die obere Verbindung bei und lassen die untere sich auflösen. Die zwei Schnüre sind noch leicht verheddert. Führen Sie die obere Verknüpfung nach oben über die Flaschenöffnung, sodass die herabhängenden Schnüre über die Flasche gleiten. Wenn Sie sie nach vorn führen, lösen Sie sich voneinander.

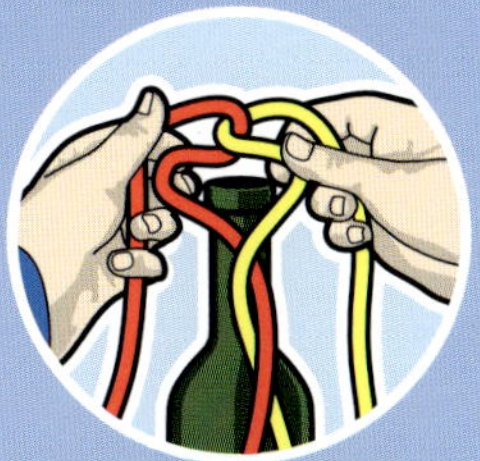

4 Die Zuschauer schauen voller Überraschung auf die in der Mitte verbundenen Schnüre und übersehen dadurch, wie die Schnüre an beiden Seiten der Flasche entlangstreifen. Sie merken nicht, dass Sie die Schnüre durcheinander gezogen haben und stehen vor einem Rätsel.

PRÄSENTATION

- *Das Verbinden der beiden Schnüre ist nicht schwer, muss jedoch schnell und mühelos erfolgen. Üben Sie, bis Sie die Verbindung schaffen, ohne hinzusehen. Sprechen Sie gleichzeitig zum Publikum.*

- *Wenn Sie die Schnüre über die Flasche führen, schauen Sie auf die Schlaufen, denn der Blick des Publikums folgt dem Ihren. Überstürzen Sie die Bewegung nicht und führen Sie die Schnüre langsam nach vorn.*

Magisches Einfädeln

DIE TÄUSCHUNG
Sie wickeln ein Seil um Ihren Daumen. Mit dem einen Ende formen Sie eine kleine Schlaufe und können das andere Ende dort blitzschnell hindurchfädeln. Sie können den Trick sogar mit geschlossenen Augen wiederholen. Diese Täuschung können Sie entweder als Magie anpreisen oder als Geschicklichkeitsdarbietung präsentieren. Beherrschen Sie den Trick erst einmal, können Sie ihn jederzeit und überall schnell vorführen.

SIE BRAUCHEN:
1 Seil, etwa 1 Meter lang

SCHWIERIGKEIT:
STUFE 2

1 Halten Sie das Seil in der rechten Hand und den linken Daumen an das Seil, etwa bei einem Viertel der Länge. Das kürzere Ende hängt über dem Zwischenraum zwischen Daumen und Zeigefinger, das längere dicht bei Ihnen.

2 Wickeln Sie das längere Ende um Ihren Daumen, indem Sie es unter dem Daumen durch – und dann nach oben zu sich hinführen, bis der Daumen vier- oder fünfmal umwickelt ist. Das Seil liegt möglichst locker.

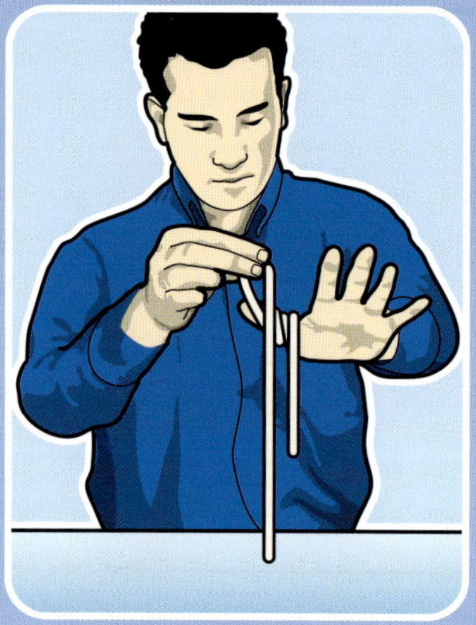

3 Nun das Seil zu einer Schlaufe legen, indem Sie es hinter Ihrem Daumen nach oben und dann gegen den Uhrzeigersinn führen. Halten Sie die Schlaufe mit den Fingern der linken Hand, sodass sie über Ihrem Daumen zu sehen ist.

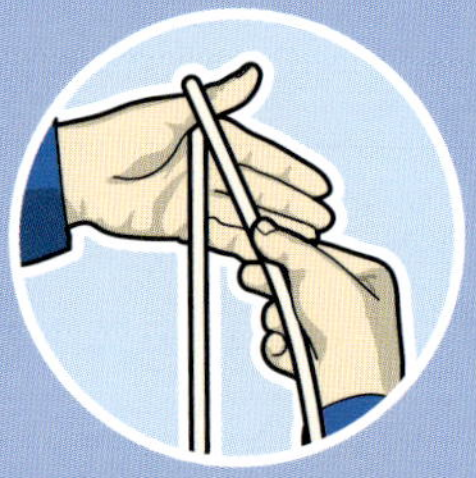

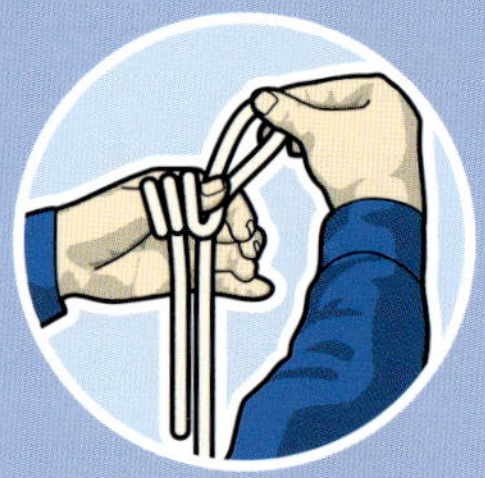

4 **Nehmen Sie das andere Ende des Seils zwischen Daumen und Zeigefinger und halten Sie es so, dass es auf die Schlaufe zeigt. Die linken Finger halten das herabhängende Seil aus dem Weg. Halten Sie den linken Zeigefinger locker.**

5 **Führen Sie mit der rechten Hand das Seilende von sich weg seitlich am Daumen der linken Hand vorbei nach vorn. Das muss möglichst schnell geschehen. Das Seil scheint durch die Schlaufe in Ihrer linken Hand hindurchzugehen. Wenn Sie das Seilende durch die Schlaufe zurückziehen, können Sie die Zauberei so oft wiederholen, wie Sie Ihren Daumen umwickelt haben.**

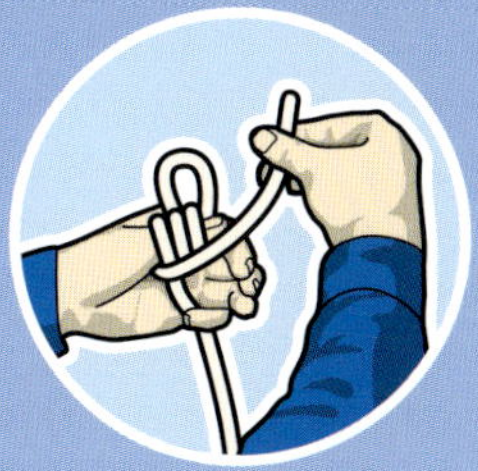

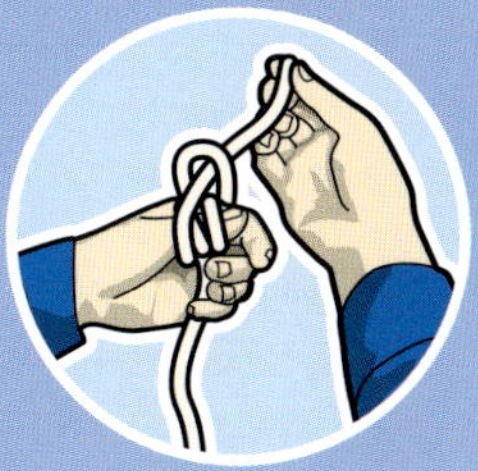

PRÄSENTATION

- *Tun Sie so, als versuchten Sie eine Nadel einzufädeln. Wenn Sie das Seil von sich weg nach vorn ziehen, führen Sie die rechte Hand dicht an der Schlaufe vorbei – dann sieht es so aus, als sei das Seil durch die Schlaufe hindurchgegangen.*
- *Damit der Trick noch erstaunlicher wirkt, machen Sie am Anfang einen großen Knoten in das kurze herabhängende Seilstück. Binden Sie die Schlaufe kleiner als den Knoten. Nun erscheint es ganz unmöglich, das Seil durch die Schlaufe zu ziehen.*

Knotenzauber

DIE TÄUSCHUNG
Fragen Sie Ihr Publikum, ob jemand einen Knoten in ein Seil machen kann, ohne die Seilenden loszulassen oder vorher die Arme zu verschränken. Haben Ihre Zuschauer eingestanden, dieses nicht zu können, machen Sie es ihnen vor.

SIE BRAUCHEN:
1 Seil, etwa 1,5 Meter lang

SCHWIERIGKEIT: STUFE 3

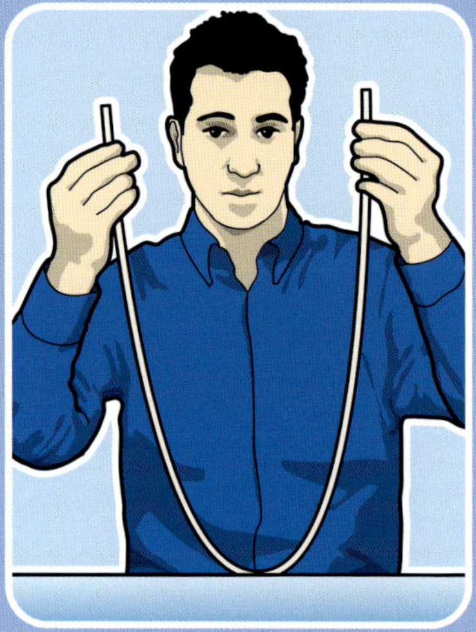

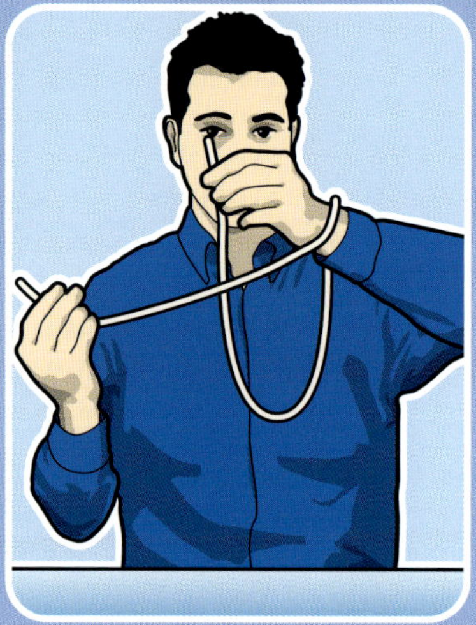

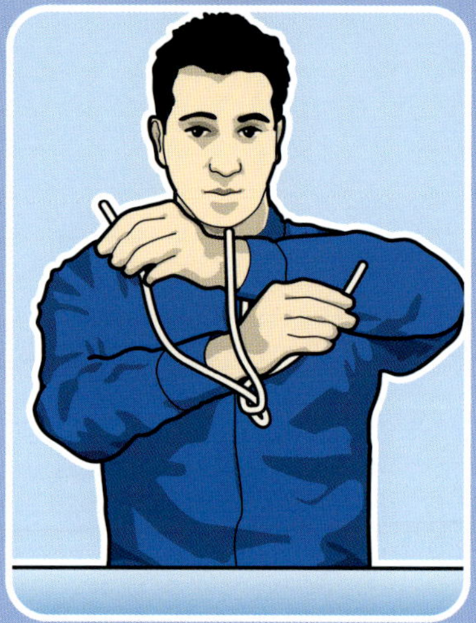

1 Halten Sie das Seil an beiden Enden zwischen Daumen und den ersten beiden Fingern; die Hände sind in Kopfhöhe.

2 Führen Sie Ihre rechte Hand hinter Ihren linken Vorderarm, legen Sie das Seil über das linke Handgelenk, dann bringen Sie es zurück nach rechts. Dieser Teil des Seils kreuzt den Teil, der von Ihrer linken Hand herunterhängt, und es entstehen zwei Öffnungen: eine größere unter einer kleineren.

3 Bewegen Sie Ihre rechte Hand zurück nach links, und stecken Sie von hinten das Seil durch die untere, größere Öffnung.

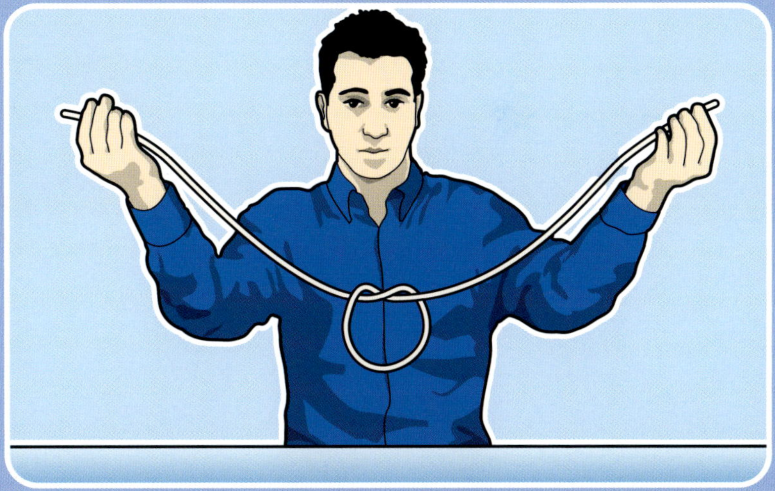

4 **Rechte Hand von vorn rückwärts durch die obere, schmalere Öffnung bewegen, Handfläche zum Publikum. Bewegen Sie die Hände etwas seitwärts auseinander und das Seil wird ineinander verschlungen sein.**

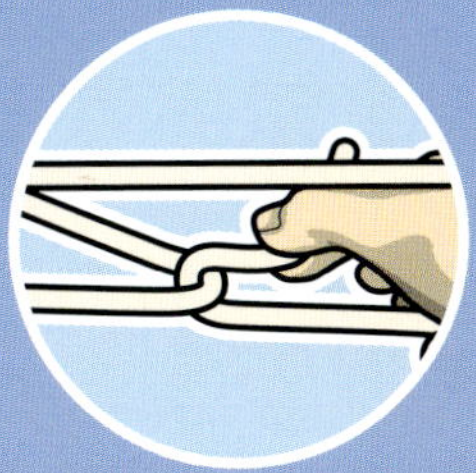

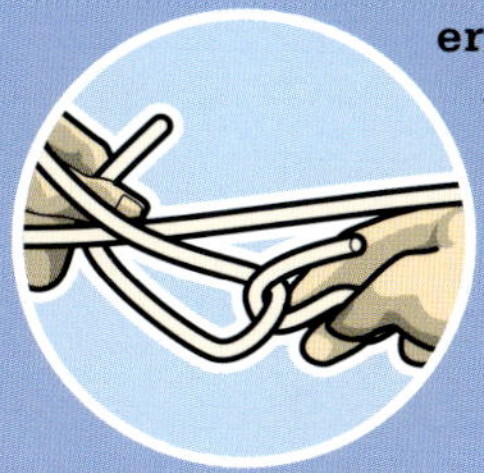

5 **Hände auseinander bewegen, sodass das Seil leicht gespannt ist. Rechtes Handgelenk nach unten drehen, näher an die Stelle heran, wo das Seil verschlungen ist. Während das Seil vom rechten Handgelenk rutscht, lassen Sie rechts das Ende los und ergreifen es gleich wieder, aber auf der anderen Seite der Schlinge.**

6 **Schütteln Sie das Seil von Ihrem linken Handgelenk und führen Sie die Hände auseinander – Sie haben einen Knoten in die Mitte des Seils gezaubert!**

PRÄSENTATION

- *Der gesamte Bewegungsablauf muss flüssig ausgeführt werden.*
- *Bei Schritt 5 nicht auf Ihre Hände schauen. Versuchen Sie, sich auf die Mitte des Seils zu konzentrieren, wo der Knoten erscheinen wird. Denken Sie daran: Die Blicke der Zuschauer folgen dem Ihren.*
- *Ist Ihre rechte Hand zum Schluss zu weit vom Ende des Seils entfernt, lassen Sie das Seilende heimlich etwas weiter hinunterrutschen, während Sie auf den Knoten schauen.*

Eine Münze verschwindet

DIE TÄUSCHUNG
Sie wickeln eine Münze in ein Stück Papier ein, entfalten das Papier wieder und die Münze ist verschwunden. Mit diesem einfachen Trick können Sie unterschiedliche Gegenstände verschwinden und an anderer Stelle wieder auftauchen lassen. Üben Sie, etwas in Ihrer Hand zu verbergen und diese trotzdem unverkrampft und natürlich zu halten.

SIE BRAUCHEN:
1 Münze
1 quadratisches Stück Papier; jede Seite muss circa dreimal so groß wie die Münze sein.

SCHWIERIGKEIT: STUFE 3

1 Legen Sie die Münze so auf das Papier, dass sie etwas näher am oberen als am unteren Rand liegt.

2 Falten Sie den unteren Rand einwärts – bis etwa einen Zentimeter unterhalb des oberen Randes. Die Münze liegt jetzt innen auf dem Papierknick.

3 Falten Sie den linken Rand einwärts und nach rechts, aber nicht direkt neben der Münze. Lassen Sie einen kleinen Zwischenraum.

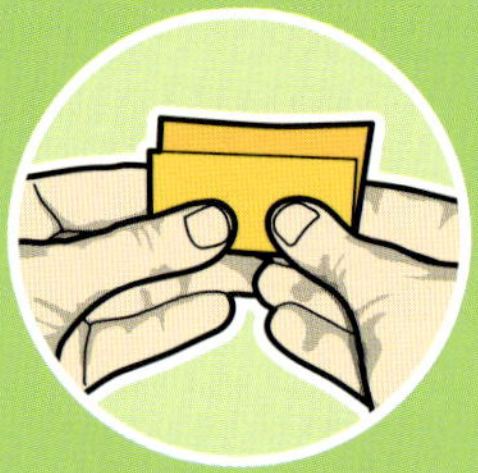

4 **Das Gleiche machen Sie mit dem rechten Rand, dabei wieder einen Zwischenraum zwischen Münze und Falz lassen. Die Münze soll im Papier etwas hin und her rutschen können.**

5 **Das Papier um 180 Grad drehen. Die noch nicht gefalteten Ränder sind jetzt unten, der kürzere Teil ist Ihnen zugewandt. Falten Sie den vorstehenden Rand von sich weg – nicht beide Ränder falten! Am unteren Rand des Päckchens bleibt eine Öffnung.**

6 **Das Päckchen so halten, dass Ihre rechte Handfläche darunter ist. Den Griff lockern – und die lose Münze fällt auf die Finger Ihrer rechten Hand. Halten Sie sie dort fest, und zerreißen Sie das Papier um zu zeigen, dass die Münze verschwunden ist.**

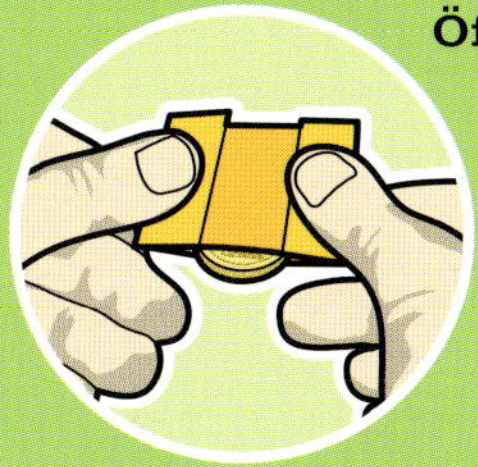

PRÄSENTATION

- *Versuchen Sie beim Falten des Papiers möglichst wenig auf Ihre Hände zu schauen. Sehen Sie so oft es geht Ihr Publikum an und sprechen Sie mit ihm, vor allem, wenn Sie den letzten Rand falten. Wenn Sie das Falten beendet haben, suchen Sie den Augenkontakt mit den Zuschauern, während die Münze sanft in Ihre Hand gleitet.*

Währungstausch

DIE TÄUSCHUNG
Eine Münze wird in ein Stück Papier eingewickelt. Wenn Sie das Papier wieder auseinander falten, liegt eine andere Münze darin! Einen Gegenstand in einen anderen zu verwandeln, gehört zu den faszinierendsten Tricks überhaupt. Das Beste an diesem Trick ist, dass Sie eine Münze mit geringem Wert in eine mit höherem Wert verwandeln können. Wer würde das nicht gern können?

SIE BRAUCHEN:
2 unterschiedliche Münzen
2 quadratische Papiere derselben Größe, mit etwa 20 bis 30 Zentimeter Seitenlänge
1 Schere
Papierkleber

SCHWIERIGKEIT: STUFE 3

1 Falten Sie ein quadratisches Stück Papier längs und quer in Drittel – Sie erhalten neun kleine Quadrate, die jeweils etwas größer als die größere Münze sein sollen. Tun Sie dasselbe mit dem zweiten Papierquadrat.

2 Das mittlere Quadrat des einen Papiers an das mittlere Quadrat des anderen Papiers kleben, sodass sie exakt übereinstimmen. Den Kleber trocknen lassen, eine Münze in die Mitte eines Papiers legen und das Papier darüber zusammenfalten.

3 Um den Trick vorzuführen, halten Sie das Papier mit dem gefalteten Päckchen nach unten, oben befindet sich das andere, offene Papier. Legen Sie die zweite Münze in die Mitte des offenen Papierquadrats und falten Sie dieses Papier über der Münze zusammen.

4 **Halten Sie das Päckchen in den Fingerspitzen Ihrer linken Hand, die Handfläche zeigt nach oben. Strecken Sie Ihre rechte Hand ebenfalls mit der Handfläche nach oben aus, drehen Sie die linke Hand um, und legen Sie das Päckchen in Ihre rechte Hand. Das Päckchen liegt nun andersherum. Verbergen Sie nun mit den Fingern der rechten Hand das Päckchen.**

5 **Machen Sie mit der linken Hand eine beschwörende Zauberbewegung über dem Päckchen. Öffnen Sie die rechte Hand und entfalten Sie das Päckchen. Es liegt eine andere Münze darin als am Anfang.**

PRÄSENTATION

- *Verwenden Sie kein zu dickes Papier. Je dicker das Papier ist, desto dicker wird das versteckte Päckchen und damit die Gefahr, dass die Zuschauer es bemerken. Achten Sie beim Zuschneiden der Quadrate auf exakt gerade Ränder. Sie können die Päckchen dann leichter in genau die gleiche Form und Größe falten.*
- *Die Ränder der beiden Päckchen müssen ganz genau übereinstimmen. Wenn ein Rand über den anderen hinaussteht, wird das Publikum es merken. Um das untere Päckchen besser zu verbergen, zeigen Sie das obere Päckchen mit dem Ihnen zugewandten Rand leicht nach oben gekippt.*
- *Verändern Sie den Trick, indem Sie anstelle der Münzen andere kleine, flache Gegenstände benutzen.*

Die Währung fällt

DIE TÄUSCHUNG

Sie sammeln Energie in Ihrer Hand an, schwingen sie in Richtung eines stehenden Geldscheins, stoppen – der Geldschein fällt um.

SIE BRAUCHEN:

1 Geldschein oder ein rechteckiges Stück Papier

SCHWIERIGKEIT: STUFE 2

PRÄSENTATION

- *Probieren Sie aus, in welcher Entfernung Ihre Hand stoppen kann, damit der Geldschein umfällt. Etwa 15 Zentimeter sollten es sein, je weiter weg, desto besser.*
- *Um die Täuschung zu verstärken, lenken Sie die Aufmerksamkeit des Publikums darauf, wie Sie Energie in Ihrer Hand ansammeln.*

1 **Falten Sie einen Geldschein längs in der Mitte und stellen Sie ihn auf den Tisch.**

2 **Setzen oder stellen Sie sich etwas entfernt davon hin. Legen Sie die rechte Hand auf die linke Seite Ihres Körpers, in der Nähe der Schulter. Reiben Sie die Hand am Ärmel, als würden Sie diese statisch oder mit einer anderen unsichtbaren Kraft aufladen.**

3 **Bringen Sie mit elegantem Schwung die rechte Hand vor den Geldschein, sodass Ihre Finger darauf zeigen. Halten Sie in etwa 15 Zentimeter Entfernung abrupt inne. Im selben Moment öffnen Sie die Finger, als würden Sie damit Energie aussenden. Der durch das plötzliche Anhalten erzeugte Luftstrom lässt den Geldschein umkippen.**

Druckwerkstatt Hand

1 Eine Karte mit der Schrift nach unten quer auf die rechten Finger legen. Die Kante schließt mit dem Ansatz der Finger ab.

2 Hand herumdrehen und gleichzeitig eine lose Faust bilden, sodass die Karte sich ebenfalls umdreht. Karte mit dem rechten Daumen seitlich aus der Hand herausschieben – sie ist wieder leer. Die Karte ganz herausziehen und den Vorgang ein paar Mal wiederholen.

3 Wenn Sie den Text zeigen wollen, legen Sie die Karte so auf die Handfläche, dass der obere Rand an den Fingeransätzen liegt.

4 Wie vorher Hand umdrehen und Faust bilden. Schieben Sie dieses Mal die Karte mit dem Daumen aus der Hand heraus. Jetzt ist der Text zu sehen.

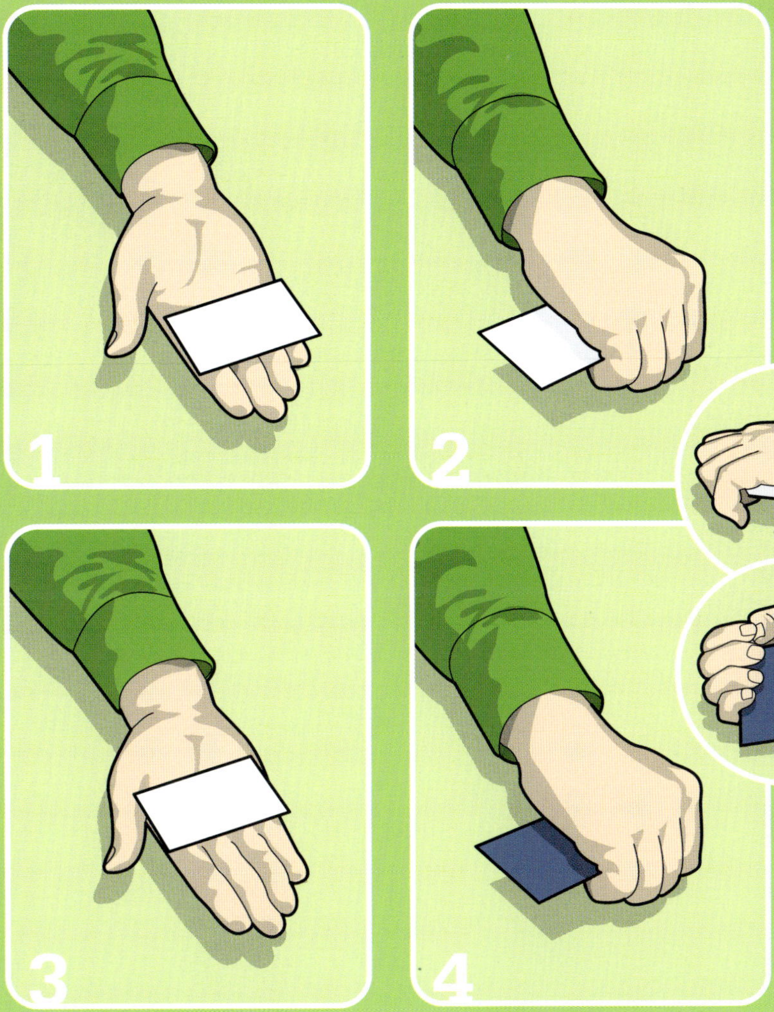

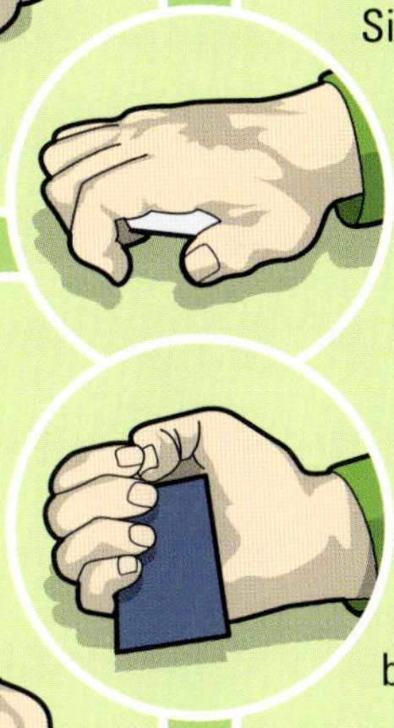

DIE TÄUSCHUNG

Ihre persönlichen Daten erscheinen plötzlich auf einem Kärtchen (das zuvor leer war!), während Sie es aus Ihrer Hand herausschieben. Sehr wirkungsvoll, wenn Sie zum Beispiel jemandem eine Visitenkarte überreichen. Sie können diesen Trick der Situation anpassen und beliebige Texte auf die Karte schreiben – sogar einen Heiratsantrag!

SIE BRAUCHEN:

1 Visitenkarte oder eine andere kleine Karte, einseitig beschriftet

SCHWIERIGKEIT: STUFE 2

Tor zur Welt

DIE TÄUSCHUNG
Niemand glaubt Ihnen, dass Sie durch eine Postkarte hindurchsteigen können. Tun Sie es und Ihr Publikum wird staunen!

SIE BRAUCHEN:
1 Postkarte
1 Schere

SCHWIERIGKEIT: STUFE 2

PRÄSENTATION

- *Je dünner Sie die Streifen schneiden, desto größer wird der Ring. Allerdings zerreißt er dadurch auch leichter – Sie müssen also sehr vorsichtig sein, wenn Sie die Welt durchsteigen.*

1 **Postkarte der Länge nach in der Mitte falten. Am gefalteten Rand beginnend einschneiden, etwa fünf Millimeter vom kurzen Rand entfernt. Den gleichen Vorgang von den offenen Rändern her wiederholen.**

2 **Nun am zweiten Streifen beginnen: vom gefalteten Rand ganz wenig abschneiden, den letzten Streifen auslassen. Der erste und der letzte Streifen müssen noch einen gefalteten Rand haben.**

3 **Behutsam das Gebilde auseinander ziehen. Nun können Sie vorsichtig hindurchsteigen oder es von oben über Ihren Körper streifen.**

Druck mit Wirkung

DIE TÄUSCHUNG

Zeigen Sie eine Karte mit einem Loch in der Mitte und fragen Sie, ob jemand eine Münze, die etwas größer als das Loch ist, hindurchstecken kann. Allerdings ohne die Karte zu zerreißen! Nachdem das Publikum verneint hat, zeigen Sie den Trick. Diesmal wird das Geheimnis bei der Vorführung verraten, doch dafür freuen sich die Zuschauer nun ihrerseits, den Trick selbst probieren zu können.

SIE BRAUCHEN:

1 Spielkarte oder Papier
1 Schere
1 Münze

SCHWIERIGKEIT: STUFE 1

1 Zur Vorbereitung ein Loch in die Mitte einer Karte schneiden, das etwas kleiner ist als die Münze. Am besten ziehen Sie einen Kreis um eine kleinere Münze herum und schneiden an der Linie entlang aus. Halten Sie Karte und Münze hoch und fragen Sie, ob jemand die Münze durch das Loch hindurchschieben kann, ohne die Karte zu zerreißen oder zu zerschneiden.

2 Wenn die Zuschauer verneint haben, falten Sie die Karte in der Mitte. Legen Sie die Münze in die Mitte der gefalteten Karte, sodass sie durch das Loch zu sehen ist. Halten Sie die Karte am unteren Rand an beiden Seiten mit Daumen, Ring- und Mittelfinger fest.

3 Um die Münze hindurchzuschieben, bewegen Sie Ihre Hände nach oben und innen aufeinander zu. Dadurch öffnen sich die beiden Seiten der Karte und das Loch weitet sich ein wenig. Nun können Sie die Münze vorsichtig hindurchschieben.

Ein Bild wird zerschnitten

DIE TÄUSCHUNG
Als Vorbereitung zeichnen Sie ein Bild auf einen Streifen Papier. Nun bitten Sie jemanden, den Streifen von der anderen Seite an beliebiger Stelle zu zerschneiden, ohne dass er das Bild sieht. Drehen Sie beiden Teile um, man sieht nun, dass der Schnitt exakt in der Mitte des Bildes ausgeführt wurde. Bei diesem Trick können Sie sich ganz auf die Präsentation konzentrieren, da er kaum Fingerfertigkeit erfordert.

SIE BRAUCHEN:
- 1 dünnen Streifen Papier, mindestens 30 Zentimeter lang und 5 Zentimeter breit
- 1 Bleistift
- 1 Schere

SCHWIERIGKEIT: STUFE 3

1 Auf dem oberen schmalen Ende des Streifens zeichnen Sie die untere Hälfte einer Figur.

2 Die obere Hälfte der Figur zeichnen Sie auf das untere schmale Ende des Streifens. Achten Sie darauf, dass die beiden Teile genau zusammen passen, wenn sie aneinander gelegt werden.

3 Halten Sie den Streifen vor sich hoch, die obere Hälfte der Figur oben und Ihnen zugewandt.

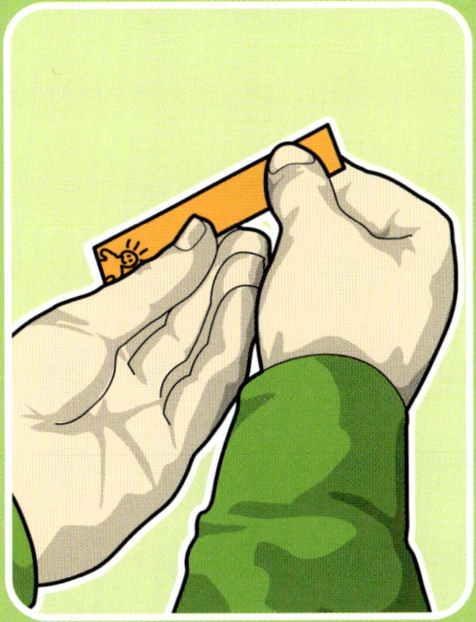

4 **Bitten Sie jemanden, den Streifen an einer beliebigen Stelle durchzuschneiden. Lassen Sie dabei den unteren Teil des Streifens zu Boden oder auf einen Tisch fallen.**

5 **Während Sie das hinuntergefallene Stück aufheben, wechseln Sie den anderen Teil von der linken in die rechte Hand und drehen dabei das halbe Bild von oben nach unten.**

6 **Legen Sie nun den aufgehobenen Streifen an das untere Ende des Streifens, den Sie halten, sodass die beiden halben Figuren zusammentreffen. Es sieht aus, als hätte der Zuschauer die Frau genau in der Mitte auseinander geschnitten.**

PRÄSENTATION

- *Wenn der eine Teil des Streifens zu Boden fällt, werden alle dort hinschauen. Sehen auch Sie darauf, während Sie ihn aufheben. Dies ist der Moment, in dem Sie den anderen Teil herumdrehen.*
- *Wenn Sie den Trick mit dem Bild einer Frau vorführen, können Sie dabei über die berühmte »Zersägte Frau« reden.*
- *Sie können aber auch etwas anderes auf den Streifen zeichnen. Die Art Ihrer Zeichnung bestimmt Ihre Präsentation. Lassen Sie zum Beispiel das Bild eines Apfels zerschneiden oder Ihren Namen, mit dem Vornamen über dem Schnitt und dem Nachnamen darunter. Zeichnen oder schreiben Sie etwas, das Ihnen persönlich Spaß macht.*

Papier wächst zusammen

DIE TÄUSCHUNG

Die Vorbereitung für diesen Trick lohnt die Mühe, auch wenn Sie das Papier nach jedem Trick vernichten müssen. Sie können leicht ein neues herstellen.

Dies ist kein Trick zum spontanen Vorführen, eher für besondere Gelegenheiten, zum Beispiel eine kleine Show. Probieren Sie ihn mit normalem Papier und mit Spielgeld aus – er ist verblüffend.

SIE BRAUCHEN:

1 Streifen Papier, mindestens 25 Zentimeter lang und 2,5 Zentimeter breit
1 Schere
Talkumpuder
Papierkleber

SCHWIERIGKEIT: STUFE 2

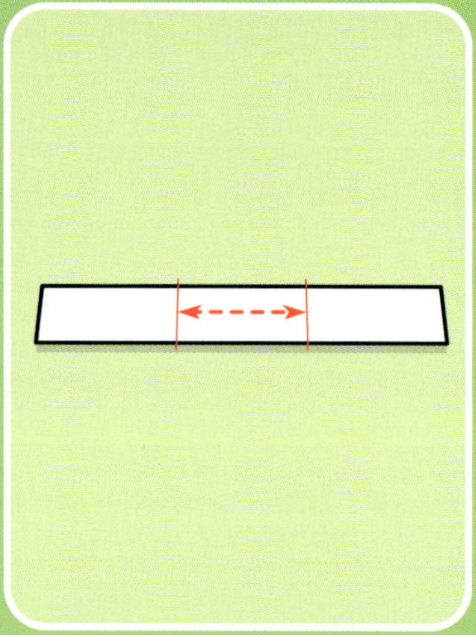

1 **Bringen Sie eine dünne Schicht Kleber in die Mitte des Papierstreifens auf eine Fläche von 2,5 bis 4 Zentimeter auf. Wenn sie getrocknet ist, stäuben Sie etwas Talkumpuder auf den Kleber, damit er nicht an den Fingern hängen bleibt.**

2 **Wenn Sie bereit sind den Trick vorzuführen, zerschneiden Sie vor den Augen der Zuschauer den Papierstreifen in der Mitte – also in dem Bereich, in dem Sie den Kleber aufgebracht haben.**

3 **Zeigen Sie mit erhobenen Händen, dass Sie den Papierstreifen tatsächlich in zwei Teile zerschnitten haben.**

4 **Legen Sie die beiden Teile so zusammen, dass sich die mit Kleber bestrichenen Stellen berühren. Schneiden Sie nun ein ganz dünnes Stück vom Ende des Streifens ab. Begründen Sie dies damit, dass Sie einen zweiten magischen Schnitt durchführen müssen, um den Streifen wieder zusammenzufügen.**

5 **Ziehen Sie den Papierstreifen vorsichtig auseinander. Durch den Druck der Schere während des zweiten Schnitts hängen die zwei Enden jetzt zusammen, und es sieht aus, als sei der Streifen wieder eins geworden. Sie können damit lässig ein wenig hin und her wedeln. Doch dann schnell wegpacken, bevor irgendjemand zu genau hinschaut.**

PRÄSENTATION

- *Beim Durchschneiden der mit Kleber bestrichenen Stelle wird ein dünner Rand des Klebers freigelegt. Wenn die beiden Hälften zusammengehalten und ein zweites Mal durchgeschnitten werden, drückt die Schere die Ränder zusammen, und beide Teile kleben aneinander. Seien Sie beim Öffnen des Streifens sehr vorsichtig – falls Sie danach zu viel damit herumwedeln, könnten die beiden Hälften wieder auseinander fallen! Mit der Zeit werden Sie genau wissen, wie viel Kleber Sie auftragen müssen und wie stark Sie den Streifen bewegen können, ohne dass er in seine Einzelteile zerfällt.*
- *Leicht verändert können Sie diesen Trick auch mit zwei Geldscheinen durchführen. In der Mitte jedes Scheins Kleber und Talkumpuder auftragen. Die Scheine mit den Vorderseiten aufeinander legen und in der Mitte gerade durchschneiden. Nun haben Sie in jeder Hand zwei Hälften, von jedem Schein eine. Alle vier Hälften zusammenlegen und eine Ecke von jeder äußeren Hälfte leicht umbiegen. Die hintere Hälfte in eine, und die äußere Hälfte in die andere Hand nehmen. Mit einer schnellen Handbewegung beide Scheine entfalten. Sie halten nun in jeder Hand je eine Hälfte von jedem Schein, es sieht jedoch aus wie ein einzelner Schein. Legen Sie die zusammengefügten Scheine schnell weg.*

Messer verschlucken

DIE TÄUSCHUNG
Diesen Spaß können Sie sich immer dann machen, wenn Sie mit anderen am Esstisch sitzen. Sie nehmen ein Messer vom Tisch und tun so, als verschluckten Sie es (Kein Messer mit scharfer Schneide!). Der Vorteil bei solch einem spontanen Trick ist, dass Sie keine Hilfsmittel mit sich herumtragen müssen. Ihre Freunde und Verwandten werden staunen, wie Sie ohne Vorbereitung einfach loszaubern können.

SIE BRAUCHEN:
1 Messer

SCHWIERIGKEIT: STUFE 5

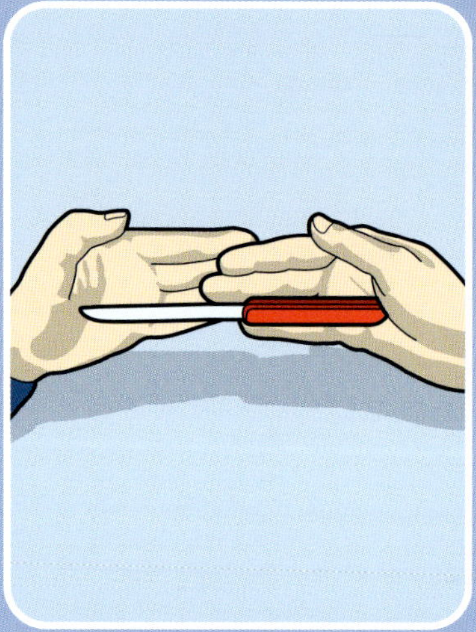

1 Sie sitzen an einem Tisch und nehmen ein Messer so in die Hand, dass das Griffende in der rechten Handfläche ruht. Die linke Hand so legen, dass die Spitze der Schneide in der Mitte der Handfläche ist. Halten Sie die Hände flach, damit die Zuschauer das Messer nicht sehen können.

2 Die Hände hoch zum Mund heben, dabei senkrecht drehen. Die Messerspitze sollte vor dem Mund liegen. Halten Sie diese Stellung einen Moment. Wenn Sie die Hände zum ersten Mal heben, necken Sie das Publikum nur ein wenig.

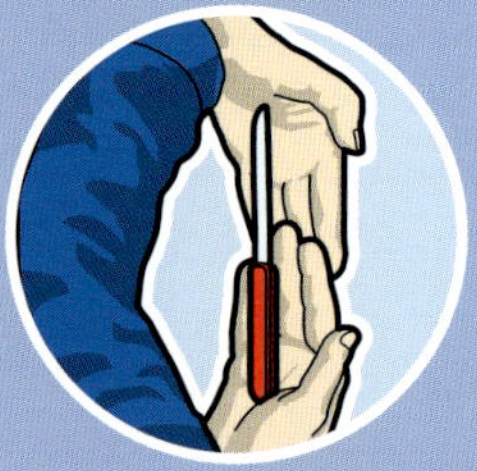

3 Entspannen Sie sich sichtbar und legen Sie die Hände wieder auf den Tisch, dicht am Rand. Erklären Sie, dass Sie nur einen Witz machen wollten, und lassen Sie dabei das Messer über den Tischrand auf Ihren Schoß fallen. Die Hände dürfen sich dabei nicht bewegen.

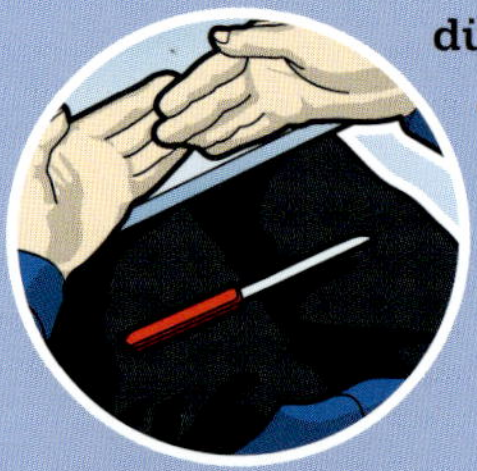

PRÄSENTATION

- *Für Magier sind die Momente wichtig, in denen die Zuschauer sich entspannen und die Aufmerksamkeit nachlässt. Wenn Sie das Messer das erste Mal heben, sind alle voller Erwartung, aber wenn Sie es wieder sinken lassen und derweil reden, löst sich die Spannung. Dies ist der Moment, um das Messer fallen zu lassen.*
- *Wenn Sie Ihre Hände zum zweiten Mal heben, müssen diese exakt dieselbe Position wie beim ersten Mal haben. Üben Sie, die Hände genau gleich zu halten.*

4 Kündigen Sie nun an, dass Sie jetzt das Messer wirklich verschlucken werden. Wieder Hände zum Mund heben, genau wie zuvor. Dieses Mal senken Sie aber die Hände, als wenn Sie das Messer in Ihren Mund schieben.

5 Wenn die Hände so weit unten sind, als ob das Messer ganz in Ihrem Mund wäre, tun Sie so, als schluckten Sie. Öffnen Sie den Mund um zu zeigen, dass er leer ist, und zeigen Sie mit großer Geste die beiden geöffneten Hände. Das Messer ist verschwunden!

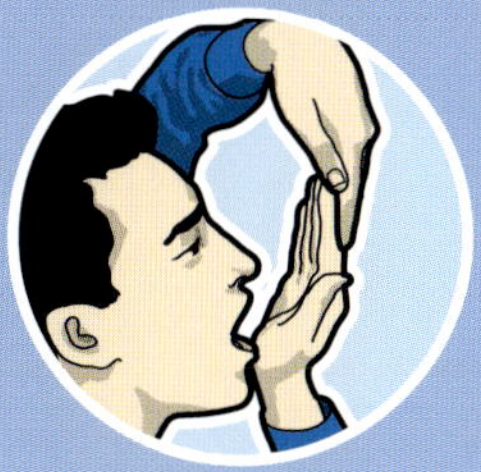

Ein Fleck wandert

DIE TÄUSCHUNG
Sie wischen einen schwarzen Fleck in Ihrer Handfläche weg, der daraufhin in der Handfläche eines Zuschauers wieder auftaucht. Zaubertricks, bei denen das Publikum einbezogen wird, sind besonders wirkungsvoll. Bei diesem wird der Zuschauer zur eigenen Verblüffung sozusagen zum Requisit. Diesen Trick können Sie spontan vorführen.

SIE BRAUCHEN:
1 Filzstift (am besten schwarz)

SCHWIERIGKEIT:
STUFE 4

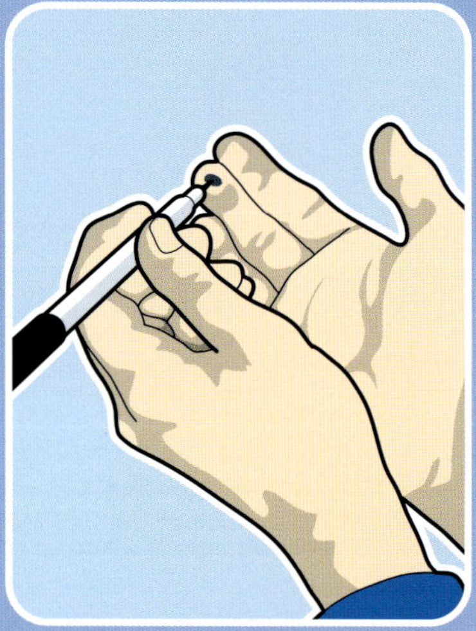

1 **Kurz bevor Sie anfangen, zeichnen Sie heimlich einen schwarzen Fleck auf den Mittelfinger Ihrer rechten Hand. Es kann erforderlich sein, die Farbe mehrere Male aufzutragen, damit sich genügend feuchte Tinte auf Ihrem Finger befindet.**

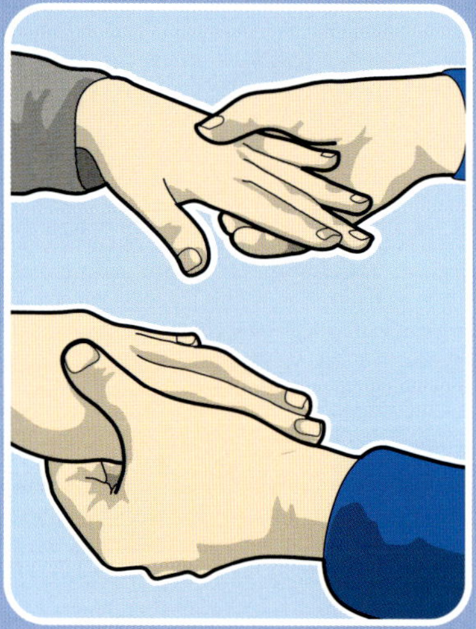

2 **Bitten Sie einen Zuschauer, beide Hände mit den Handflächen nach unten auszustrecken. Nun fordern Sie ihn auf, die Hände etwas höher zu halten, ergreifen gleichzeitig seine Hände und drücken sie sanft mit Ihren Fingern nach oben. Dabei wird die schwarze Farbe von Ihrem Finger auf die Handfläche des Zuschauers übertragen.**

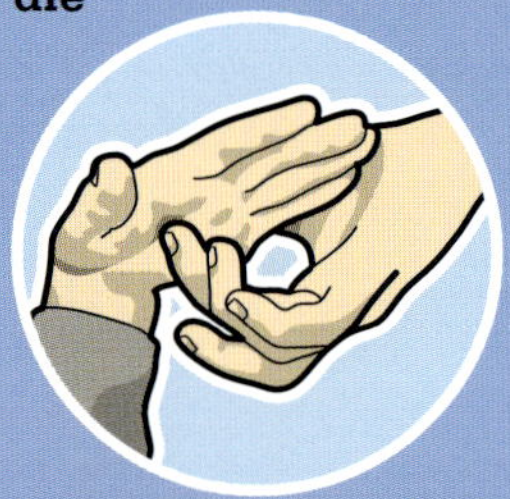

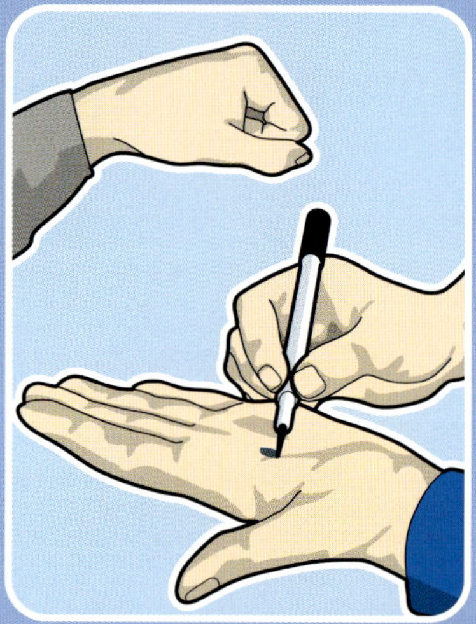

3 **Sagen Sie Ihrem Mitspieler, er möge seine rechte Hand sinken lassen und mit der linken eine Faust bilden. Zeichnen Sie einen Fleck auf die Handfläche Ihrer linken Hand, doch diesmal nur mit wenig Farbe.**

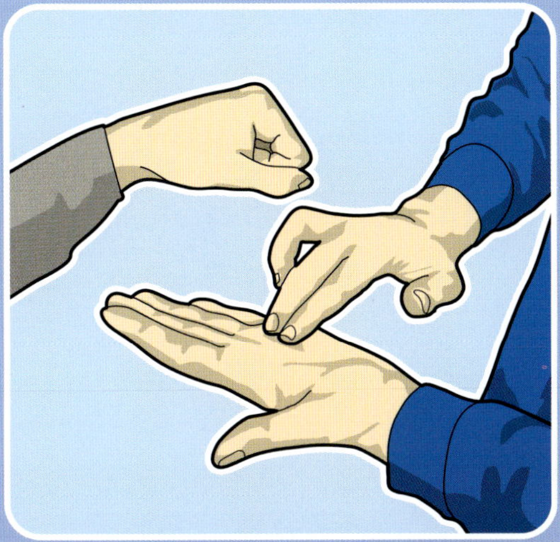

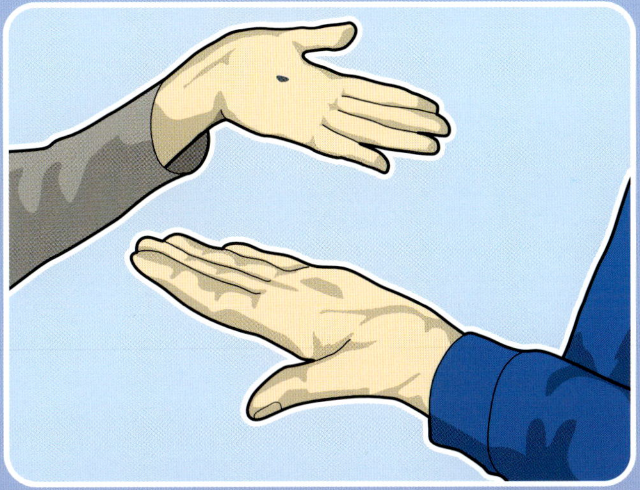

4 **Mit Ring- und Mittelfinger Ihrer rechten Hand reiben Sie nun diesen Fleck auf Ihrer Handfläche wieder weg. Dabei verschwindet nicht nur die Farbe von Ihrer Handfläche, sondern auch die von Ihrer Fingerspitze.**

5 **Zeigen Sie, dass die Farbe aus Ihrer Handfläche verschwunden ist. Bitten Sie den Zuschauer, seine Faust zu öffnen. Der Fleck ist tatsächlich in seine Handfläche gewandert!**

PRÄSENTATION

- *Nehmen Sie die Hände des Zuschauers behutsam, um sie nach oben oder auseinander zu führen. Sie können ihn auch an den Händen zu einer anderen, magischeren Stelle im Raum geleiten.*
- *Schauen Sie den Zuschauer an und reden Sie mit ihm, während Sie seine Hände halten. Auf keinen Fall auf Ihre Hand schauen!*
- *Lassen Sie sich Zeit. Je mehr Zeit zwischen dem Aufbringen des Flecks und dessen Enthüllung liegt, desto eher hat der Zuschauer vergessen, dass Sie seine Hand berührt haben.*

Der springende Ring

DIE TÄUSCHUNG
Ein Ring springt im Bruchteil einer Sekunde von einem Finger auf den anderen und wieder zurück. Diese optische Täuschung ist äußerst verblüffend. Borgen Sie sich den Ring eines Zuschauers – das Publikum wird überlegen, woher um alles in der Welt Sie einen identischen Ring bekommen konnten.

SIE BRAUCHEN:
1 Fingerring

SCHWIERIGKEIT: STUFE 2

1 Stecken Sie den Ring auf Ihren rechten Mittelfinger. Legen Sie Ihren Mittel- und Zeigefinger V-förmig auf die Oberseite Ihres linken Arms.

2 Heben Sie die rechte Hand etwa 15 Zentimeter vom Arm hoch und im selben Moment biegen Sie den Zeigefinger ein und strecken den Ringfinger aus.

3 Legen Sie die Hand mit ausgestrecktem Mittel- und Ringfinger wieder auf den Arm. Es sieht aus, als hätte der Ring den Finger gewechselt. Heben Sie wieder die rechte Hand. Diesmal biegen Sie den Ringfinger ein und strecken den Zeigefinger aus. Legen Sie die Hand wieder auf den Arm – der Ring ist auf den Finger zurückgesprungen, auf dem er zuerst war.

Schwebender Bleistift

DIE TÄUSCHUNG

Sie nehmen einen Bleistift und halten ihn an Ihre Handfläche, wo er ohne jede Befestigung haften bleibt. Das Gleiche können Sie auch mit einem Kugelschreiber machen. Da die meisten Leute Stifte bei sich tragen, können Sie diesen Trick fast immer spontan vorführen.

SIE BRAUCHEN:

2 Bleistifte
1 Uhrenarmband oder Gummiband
1 langärmeliges Hemd

SCHWIERIGKEIT: STUFE 2

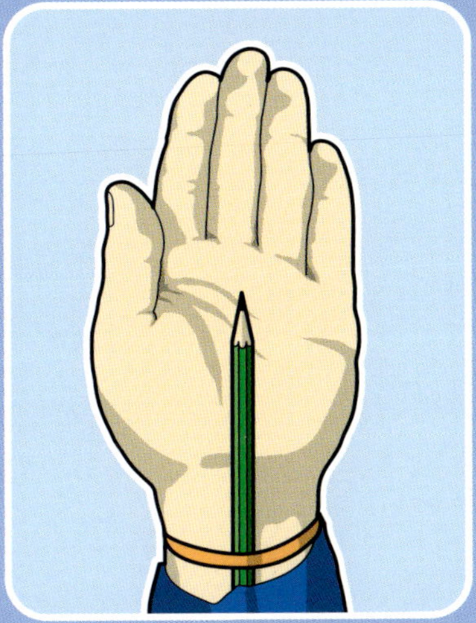

1 Als Vorbereitung stecken Sie einen Bleistift an der Innenseite Ihres linken Handgelenks unter Ihr Uhrenarmband (oder ein Gummiband), sodass das Ende bis zu Ihrer Handmitte reicht. Die Uhr (beziehungsweise das Gummiband) muss unter dem Ärmel verborgen sein.

2 Nehmen Sie den anderen Bleistift und schieben Sie ihn (wobei Sie den Handrücken zum Publikum halten) zwischen Stift und Handfläche. Er scheint an Ihrer Handfläche zu kleben.

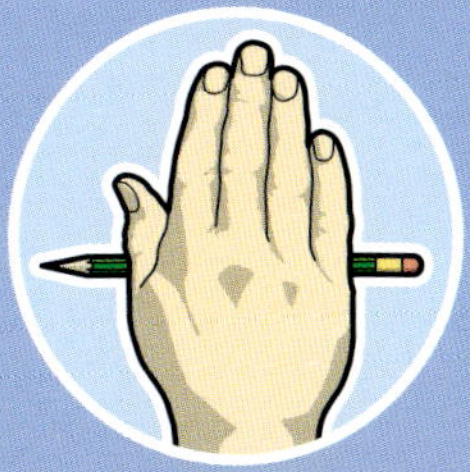

PRÄSENTATION

- *Sie können zunächst so tun, als hielten Sie den Bleistift mit Ihrem rechten Zeigefinger, wenn Sie mit der rechten Hand das linke Handgelenk umschließen und den Zeigefinger nach oben ausstrecken.*
- *Vielleicht können Sie sogar mehrere Stifte unter den ersten schieben. Wenn Sie nicht auf die Anzahl aufmerksam machen, können Sie beim Wegnehmen auch gleich den ersten Stift entfernen – so werden Sie das Beweisstück los!*

Mysteriöse Bewegung

DIE TÄUSCHUNG
Ihre magische Kraft – hier ein behutsam erzeugter, ständiger Luftstrom – lässt einen Strohhalm scheinbar von allein herumrollen. Besonders geeignet für Sportler-Lungen!

SIE BRAUCHEN:
1 Strohhalm

SCHWIERIGKEIT: STUFE 2

PRÄSENTATION
- *Bewegen Sie Ihre Finger über dem Strohhalm, als würden Sie Energie aussenden. Man darf nicht sehen, dass sie pusten. Nicht die Wangen aufblasen oder die Lippen spitzen – das verrät Sie sofort!*

1 **Legen Sie einen Strohhalm auf den Tisch, etwa 15 Zentimeter von der Tischkante entfernt. Ihren rechten Zeigefinger legen Sie ein Stück rechts neben den Strohhalm auf den Tisch.**

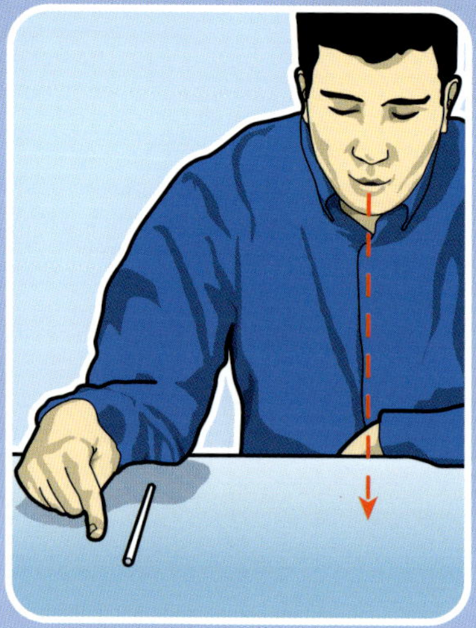

2 **Pusten Sie auf die Stelle genau links neben dem Strohhalm, und er wird nach rechts rollen. Bewegen Sie Ihre Hand nach rechts, der Strohhalm wird ihr scheinbar folgen.**

3 **Anstatt den Finger zu benutzen, können Sie auch Ihre Hand über den Strohhalm halten. So lange Sie dicht links neben den Strohhalm pusten können, wird er sich trotzdem bewegen.**

Aus dem Nichts

DIE TÄUSCHUNG
Sie schnipsen mit den Fingern und in Ihrer Hand erscheint ein Tuch. Diesen Trick müssen Sie vorbereiten. Bei einigen anderen Tricks in diesem Buch brauchen Sie ebenfalls ein Tuch – es aus dem Nichts erscheinen zu lassen, ist die beste Art es einzuführen!

SIE BRAUCHEN:
1 Tuch
1 langärmeliges Hemd

SCHWIERIGKEIT: STUFE 2

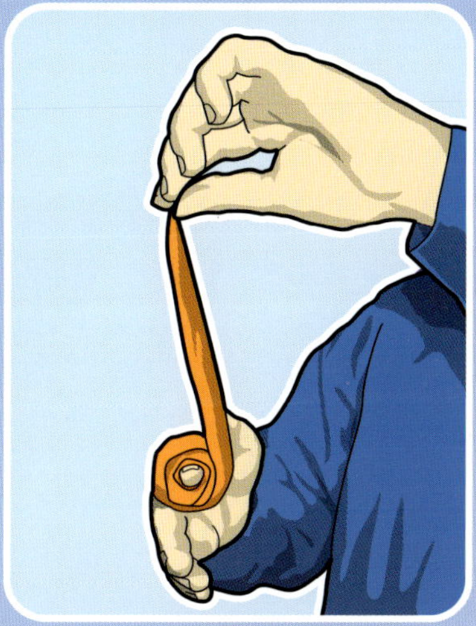

1 Zur Vorbereitung halten Sie ein Tuch an einer Ecke und wickeln es sehr fest um Ihren Zeigefinger.

2 Nun stecken Sie das zusammengewickelte Tuch in Ihre Ellbogenbeuge. Winkeln Sie den Arm an, damit es nicht zu sehen ist. Sie müssen den Arm noch einigermaßen natürlich bewegen können, auch wenn er gebeugt ist.

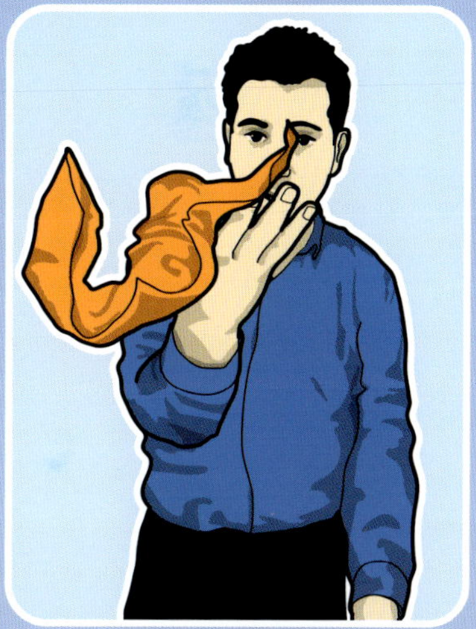

3 Schnipsen Sie mit den Fingern der Hand, während Sie schnell den Arm ausstrecken. Das Tuch fliegt aus dem Ellbogen heraus und öffnet sich. Fangen Sie es mit der Hand – es ist offensichtlich aus dem Nichts erschienen!

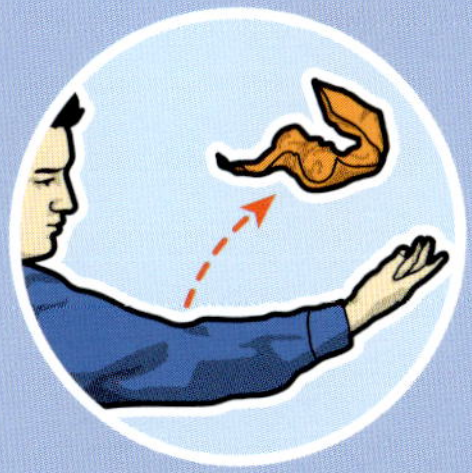

Die durchstochene Serviette

DIE TÄUSCHUNG

Ein weiterer Trick, den Sie spontan mit alltäglichen Gegenständen durchführen können. Wenn Sie bei Freunden sind, werden diese ganz bestimmt voller Spannung zusehen, wie Sie Ihre Serviette ergreifen und ein Messer hindurchstoßen! Mit solchen Esstisch-Utensilien lässt sich ein eindrucksvolles Programm zusammenstellen.

SIE BRAUCHEN:

1 Messer
1 Serviette oder 1 Tuch

SCHWIERIGKEIT: STUFE 5

1 Halten Sie das Messer hoch, mit dem Griff in Ihrer rechten Hand. Legen Sie die Serviette unter die Mitte des Messers und dann über die Spitze, sodass eine Ecke auf Ihrem Arm ruht und die andere Ecke diagonal dazu vorn herunterhängt.

2 Während Sie die Serviette glätten, mit dem linken Daumen ein kleines Stück Stoff ergreifen. Die vordere Ecke hochheben, um zu zeigen, dass das Messer noch da ist. Die Ecke auf Ihrem Arm mit den Fingern und dem Daumen der linken Hand festhalten.

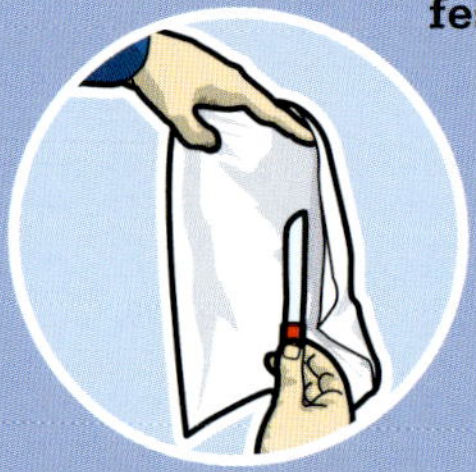

3 Diese Ecke hochnehmen, unterdessen die linke Hand nach vorn und über das Messer führen und es wieder verdecken. Diesmal sind beide Ecken vor dem Messer. Mit dem rechten Daumen ein kleines Stück Stoff um die Messerspitze herum gefaltet halten.

4 Mit der linken Hand das gefaltete Stück fest gegen das Messer gedrückt nach unten ziehen. Jetzt den Stoff mit dem rechten Daumen loslassen und die Serviette um das Messer herum glätten.

5 Die Serviette zwischen den Händen bewegen, sodass das Messer sich unter der Falte herauslöst. Schieben Sie es hoch, bis es hinter der Serviette erscheint. Von vorn sieht es aus, als würde es den Stoff durchdringen.

6 Bewegen Sie das Messer weiter nach oben, bis es ganz aus der Serviette hervorschaut. Nehmen Sie es in die rechte Hand und öffnen Sie die Serviette. Das Messer ist hindurchgegangen, aber es ist (zum Glück!) kein Loch darin!

Aus Gabel wird Messer

DIE TÄUSCHUNG
Eine Gabel wird in eine Serviette eingewickelt. Wenn Sie die Serviette aufwickeln, hat sich die Gabel in ein Messer verwandelt. Diesen Trick kann man spontan vorführen, indem man beispielsweise vorgibt, zwei Gabeln, aber kein Messer zu haben, um sich dann aus der Gabel ein Messer zu zaubern. Solche Gründe fürs Zaubern kommen beim Publikum immer sehr gut an.

SIE BRAUCHEN:
1 Serviette
1 Messer
1 Gabel

SCHWIERIGKEIT: STUFE 4

1 Legen Sie das Messer längs vor sich auf den Tisch. Decken Sie die Mitte einer Serviette diagonal darüber, sodass eine Ecke auf Sie zeigt. Das Messer darf sich nicht abzeichnen oder sichtbar sein. Legen Sie nun die Gabel längs auf die Serviette neben die Seite des Messers, das Ihnen am nächsten ist.

2 Nehmen Sie die Serviettenecke vor sich hoch und falten Sie diese auf die gegenüberliegende Ecke, jedoch nicht ganz bis zur Ecke, sondern mit einem kleinen Zwischenraum.

3 Mit beiden Händen – Finger oben, Daumen unten – ergreifen Sie nun Messer und Gabel durch die Serviette hindurch. Wickeln Sie beide ein, indem Sie die Serviette auf sich zu rollen.

4 **Rollen Sie die Serviette, bis die kürzere Ecke herumgewickelt ist und hervorschaut. Die längere Ecke ist jetzt an der Ihnen zugewandten Seite, die kürzere an der von Ihnen aus anderen Seite des Bestecks.**

5 **Die Serviette ist jetzt einmal umgedreht. Nehmen Sie die zwei Ecken und ziehen Sie behutsam die näher zu Ihnen liegende Ecke zu sich heran, während Sie die weiter von Ihnen entfernte von sich weg ziehen.**

6 **Wenn die Serviette entfaltet ist, erscheint obenauf das Messer. Die Gabel liegt unter der Serviette verborgen.**

PRÄSENTATION

- *Achten Sie darauf, dass die Serviette nicht zu dünn ist, sonst sieht man den Umriss des Messers. Außerdem muss sie groß genug sein, um das Messer vollständig zu verbergen.*
- *Um am Schluss die Gabel loszuwerden, ergreifen Sie die Serviette und ziehen diese auf sich zu. Die Gabel fällt dabei über den Tischrand und in Ihren Schoß. Es darf kein Geräusch zu hören sein!*

Ein Glas verschwindet

DIE TÄUSCHUNG
Sie bedecken ein Glas mit einer Serviette. Dann stellen Sie es in die Mitte des Tisches, legen Ihre Hand auf die Serviette und das Glas ist verschwunden. Ein Klassiker der Zauberkunst, den auch Profi-Zauberer immer wieder vorführen. Der richtige Zeitpunkt und die Ablenkung sind bei dieser Nummer äußerst wichtig. Üben Sie also, bis Sie alle Bewegungen beherrschen und dabei lässig mit Ihrem Publikum reden können.

SIE BRAUCHEN:
1 Serviette
1 Wasserglas

SCHWIERIGKEIT:
STUFE 4

1 Stellen Sie das Glas auf den Tisch; es muss ein Glas ohne Stiel sein. Legen Sie die Mitte der Serviette über das Glas.

2 Ziehen Sie die Serviette um das Glas herum glatt, sodass sie eng anliegt. Der Umriss des Glases soll gut zu sehen sein.

3 Die Serviette mit dem Glas darunter hochnehmen und zur Tischkante ziehen. Gleichzeitig auf die Stelle zeigen, wo es stand, und darüber sprechen, damit die Zuschauer dort hinschauen. Inzwischen das Glas über den Rand des Tisches und auf Ihren Schoß rutschen lassen.

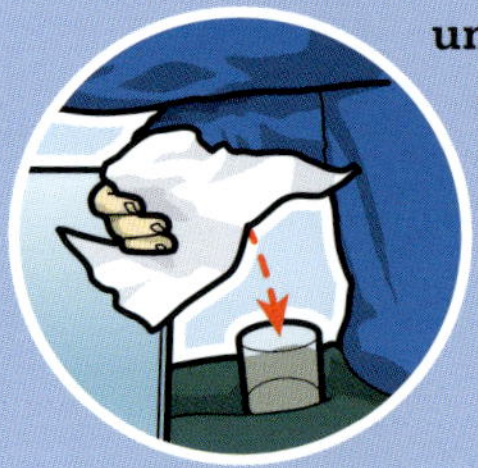

4 Die Serviette wieder an die Stelle zurückschieben, auf der das Glas stand. Sie behält die Form des Glases, was den Anschein erweckt, das Glas befinde sich noch darunter.

5 Machen Sie einen Moment Pause, dann heben Sie Ihre freie Hand über die Serviette. Noch einmal kurz innehalten, um die Spannung zu steigern.

6 Nun die mit einer schnellen Handbewegung die Serviette flach drücken. Das Glas ist verschwunden. Sie können es dabei belassen oder das Glas unter dem Tisch hervorholen, als hätten Sie es vorher durch diesen hindurchgedrückt.

PRÄSENTATION

- *Beeilen Sie sich nicht, um das Glas möglichst schnell auf Ihren Schoß fallen zu lassen! Ziehen Sie es ganz ruhig zurück und richten Sie es so ein, dass Sie gleichzeitig auf den Tisch zeigen. Schauen Sie auf die gezeigte Stelle, nicht auf das Glas, dann werden auch die Zuschauer dorthin sehen.*
- *Die Pausen, bevor Sie die Serviette flach drücken, lassen das Publikum vergessen, was vorher passiert ist. Außerdem erhöhen Sie die Spannung vor dem Finale.*

Balance-Akt

DIE TÄUSCHUNG

Sie stellen ein Weinglas auf den Rand eines senkrecht gehaltenen Tellers, wo es stehen bleibt.

SIE BRAUCHEN:

1 Teller
1 Weinglas

PRÄSENTATION

- *Den Daumen von Anfang an in derselben Position halten, rechte Hand nicht mehr bewegen. Tun Sie so, als würden Sie das Glas ins Gleichgewicht bringen, der Trick erscheint dann glaubhafter. Am Ende das Glas möglichst nur ein paar Sekunden stehen lassen.*

1 Nehmen Sie einen Teller vom Tisch und halten Sie ihn senkrecht, mit der Oberseite Ihnen zugewandt. Ihre Finger halten die Unterseite, der Daumen greift die Oberseite. Sie müssen mit dem Daumen bis genau unter den oberen Rand des Tellers fassen.

2 Vorsichtig das Glas auf den Teller stellen, aber noch nicht loslassen. Wieder wegnehmen, noch einmal hinstellen, als suchten Sie den besten Punkt für das Balancieren. Beim dritten Versuch vor sich hinstellen.

3 Mit ausgestrecktem Daumen können Sie das Glas auf der Daumenspitze und dem Tellerrand ausbalancieren. Von vorn sieht es aus, als schwebe es nur auf dem Tellerrand. Ein paar Sekunden halten, dann herunternehmen und wieder auf den Tisch stellen.

Verhedderte Strohhalme

DIE TÄUSCHUNG
Sie wickeln zwei Strohhalme umeinander und können diese dann ganz einfach wieder auseinander ziehen. Während Sie die Strohhalme immer mehr umeinander winden, verstärkt sich der Eindruck, dass sie gar nicht mehr zu trennen sind.

SIE BRAUCHEN:
2 biegsame Strohhalme

SCHWIERIGKEIT:
STUFE 2

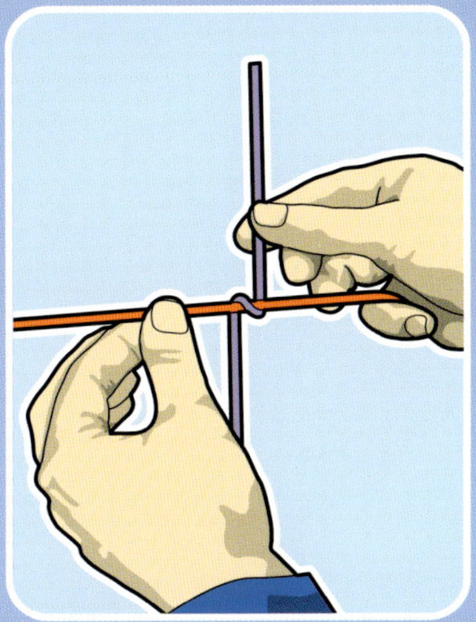

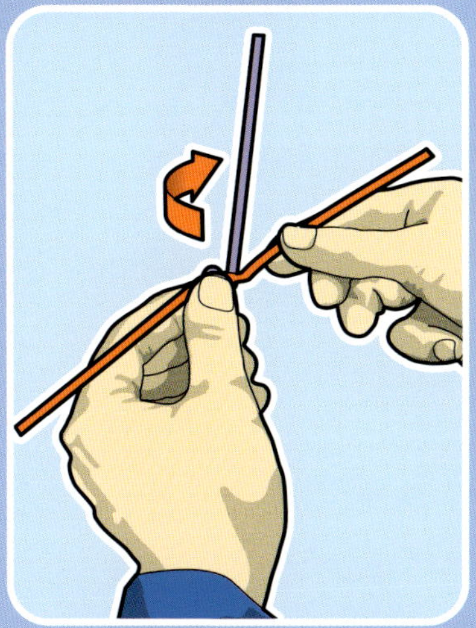

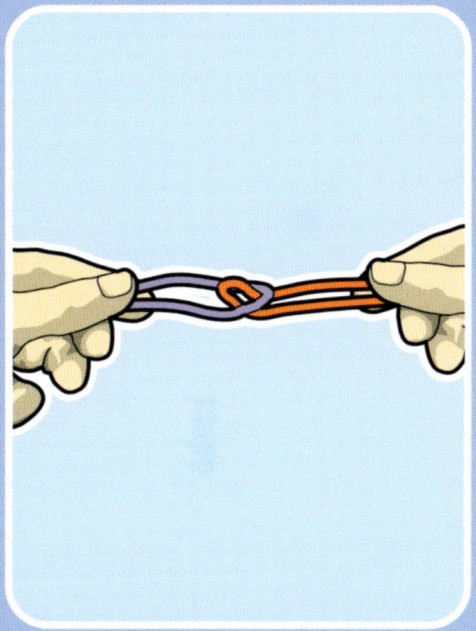

1 Sie halten in jeder Hand einen Strohhalm, den in der linken waagerecht, den in der rechten senkrecht dahinter, die Mitten berühren sich. Den oberen Teil des senkrechten Halms biegen Sie auf sich zu, dann um den waagerechten Halm herum und wieder nach oben.

2 Die Mitte festhalten, den rechten Teil des waagerechten Halms auf sich zu biegen, um den senkrechten herum und wieder nach rechts. Um die Halme in Position zu halten, diese in der Mitte leicht zusammendrücken.

3 Das linke Ende nach rechts biegen und beide Enden in der rechten Hand halten. Oberes und unteres Ende in die linke Hand nehmen und beide Hände auseinander ziehen – die Strohhalme lösen sich voneinander.

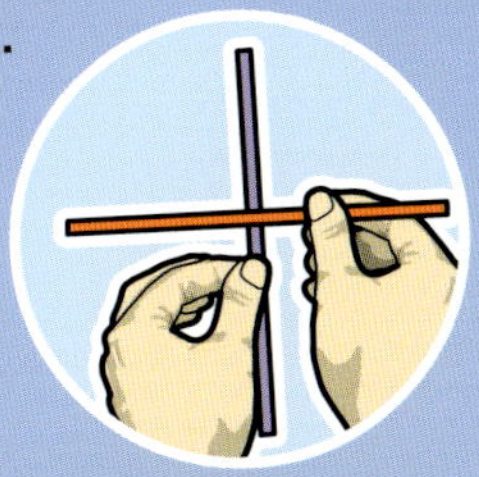

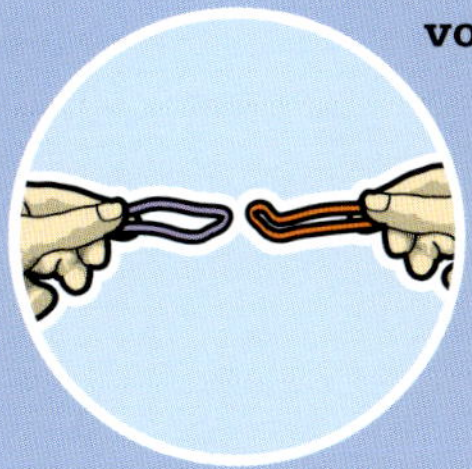

Haltbarer Luftballon Teil 1

DIE TÄUSCHUNG

Sie blasen einen Luftballon auf und stechen dann eine lange Nadel hindurch, ohne dass der Ballon platzt. Ein optisch sehr wirkungsvoller Trick – Ihre Zuschauer werden erwartungsvoll den Atem anhalten. Üben Sie, bis Sie sicher sind, dass der Trick gleich beim ersten Mal funktioniert. Für alle Fälle halten Sie aber ein paar Ersatzballons bereit.

SIE BRAUCHEN:

1 Luftballon
1 lange, dünne Nadel
1 Flasche oder Kanne Leitungswasser

SCHWIERIGKEIT: STUFE 3

1 **Blasen Sie den Ballon etwa bis zur Hälfte der möglichen Größe auf und binden Sie ihn zu. Die Stellen an der zugebundenen Öffnung und dem gegenüberliegenden oberen Teil des Ballons sind nicht aufgeblasen. Die Nadel in Wasser tauchen, dann dicht neben der zugebundenen Öffnung einstechen.**

2 **Schieben Sie die Nadel behutsam tiefer in den Ballon. Keine Angst, er platzt nicht. Die Nadel bis zum anderen Ende des Ballons schieben, darauf achten, dass sie auf einer nicht aufgeblasenen Stelle auftrifft.**

3 **Stechen Sie die Nadel von innen durch das andere Ende. Zeigen Sie den Zuschauern, dass die Nadel einmal durch den Ballon geführt wurde. Wenn alle sich davon überzeugt haben, ziehen Sie die Nadel wieder heraus. Da die Luft nun dem Ballon entströmt, lassen Sie ihn als Finale platzen.**

Haltbarer Luftballon Teil 2

DIE TÄUSCHUNG
Bei diesem Trick dürfen Sie nicht zu dicht bei den Zuschauern stehen, damit diese das Klebeband nicht sehen.

SIE BRAUCHEN:
1 Luftballon
1 lange, dünne Nadel
durchsichtiges Klebeband

SCHWIERIGKEIT: STUFE 3

PRÄSENTATION

- *Halten Sie den Luftballon so, dass Ihr Publikum das Klebeband nicht sieht, jedoch erkennen kann, wie die Nadel den Ballon durchsticht.*

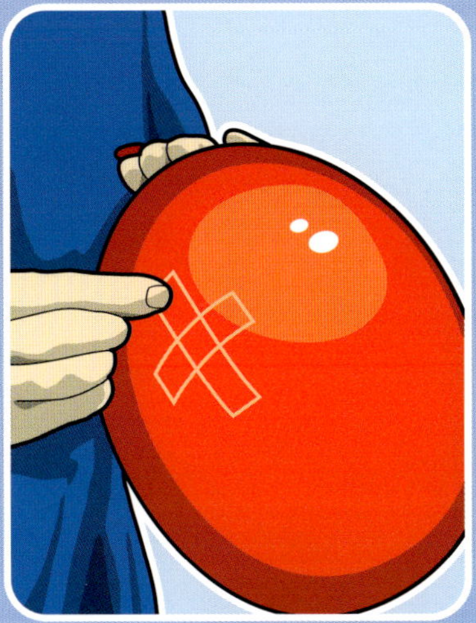

1 Zur Vorbereitung blasen Sie den Ballon fast bis zur vollen Größe auf und binden ihn zu. Kleben Sie ein kleines Kreuz aus Klebeband auf eine Seite des Ballons.

2 Halten Sie die Seite mit dem Klebeband zu sich. Stechen Sie die Nadel durch die Mitte des Kreuzes in den Ballon, es entweicht keine Luft.

3 Nadel wieder herausziehen und das Loch mit dem Daumen zuhalten, damit keine Luft entweicht. Wenn Sie noch mehr Klebeband an eine andere Stelle des Ballons (auch an Ihrer Seite) geklebt haben, können Sie den Trick wiederholen. Am Schluss bringen Sie den Ballon einfach mit der Nadel zum Platzen.

Das wandernde Gummiband

DIE TÄUSCHUNG

Ein Gummiband springt von einem Fingerpaar aufs andere. Einer der ältesten Tricks der Zauberkunst. Wegen der einfachen Durchführung ist er gut als kleiner Trick zwischendurch innerhalb eines Programms geeignet. Da Sie nur ein Gummiband dafür brauchen, lässt er sich jederzeit und überall spontan zeigen.

SIE BRAUCHEN:
1 Gummiband

SCHWIERIGKEIT:
STUFE 2

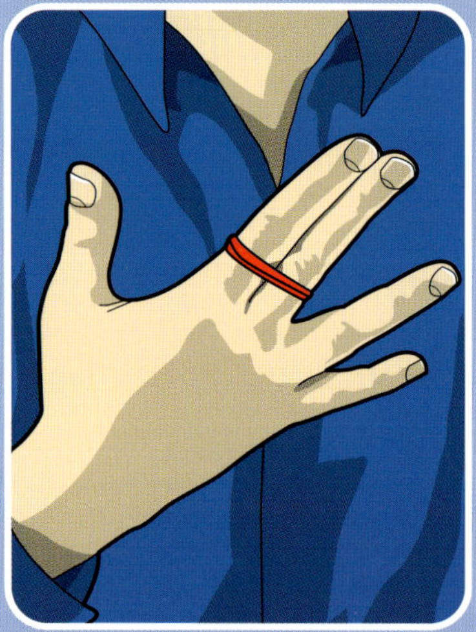

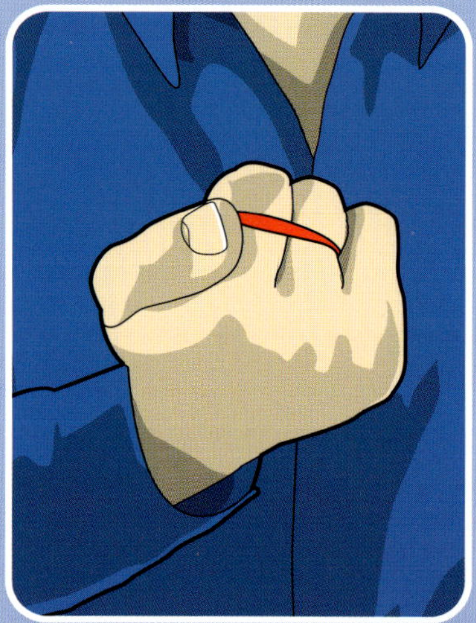

1 Das Gummiband um Zeigefinger und Mittelfinger Ihrer rechten Hand schlingen, fest genug, damit es nicht herabrutscht, aber auch nicht allzu fest.

2 Dehnen Sie von hinten das Gummi ein paar Mal, beim letzten Mal die Finger zu einer Faust schließen, dabei alle Finger in das Gummiband stecken.

3 Halten Sie die Faust nach außen weisend, Handfläche und Finger sind Ihnen zugekehrt.

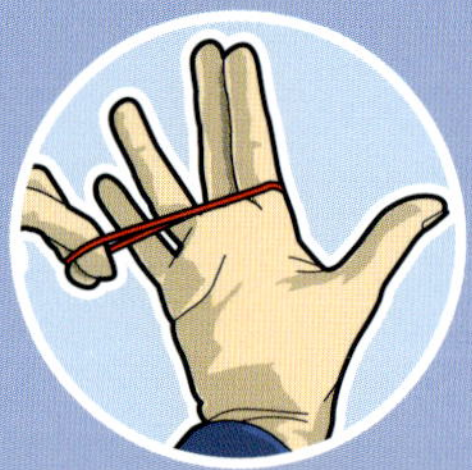

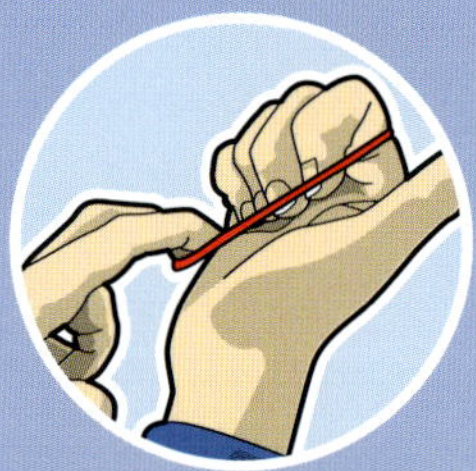

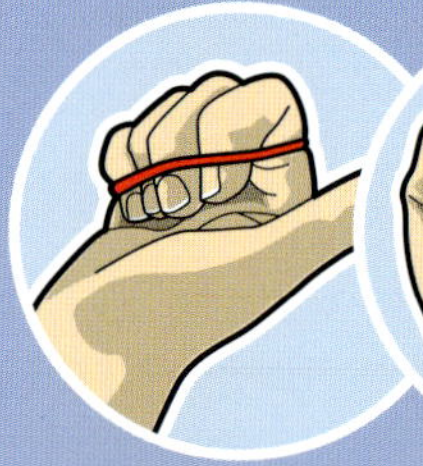

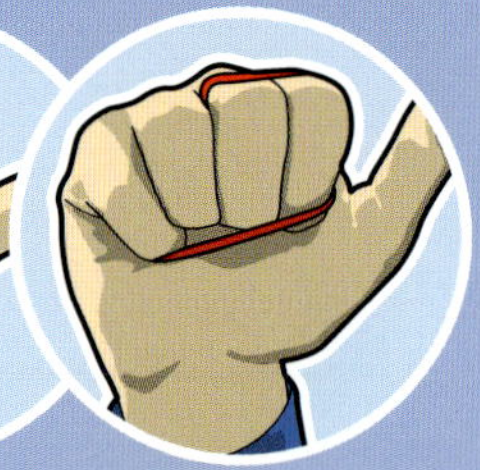

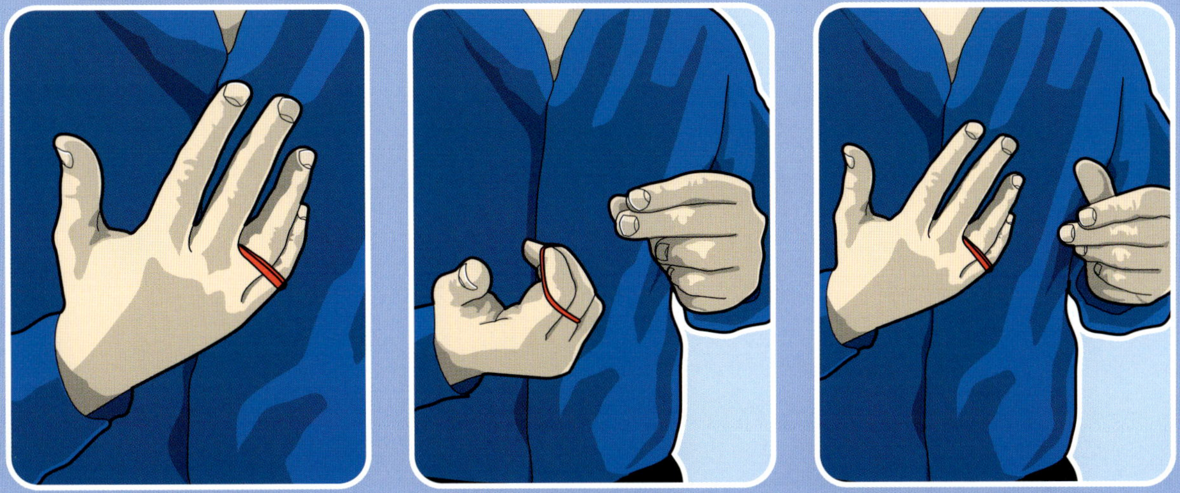

4 **Finger schnell ausstrecken. Das Gummi springt von Zeige- und Mittel- auf Ringfinger und kleinen Finger. Wenn Sie während des Fingeröffnens und -schließens die Faust schütteln, dann verschwimmt die Bewegung, als hätte sich die Faust gar nicht geöffnet.**

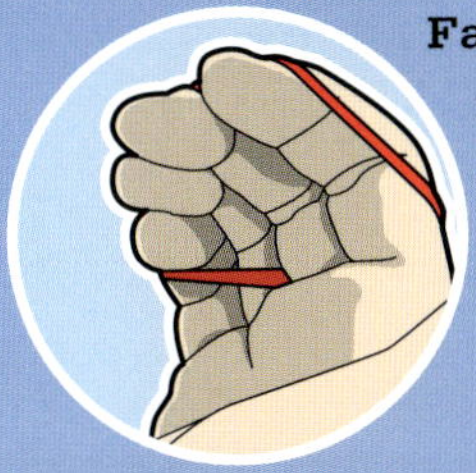

5 **Ergänzen Sie den Trick mit einem magischen Moment – ein Fingerschnipsen, ein Handwedeln oder eine Zauberformel. Dies lässt den Eindruck entstehen, dass Magie im Spiel ist. Wenn Sie mit den Fingern der linken Hand in Richtung Faust schnipsen, während das Gummiband seine Lage wechselt, verstärken Sie die Wirkung.**

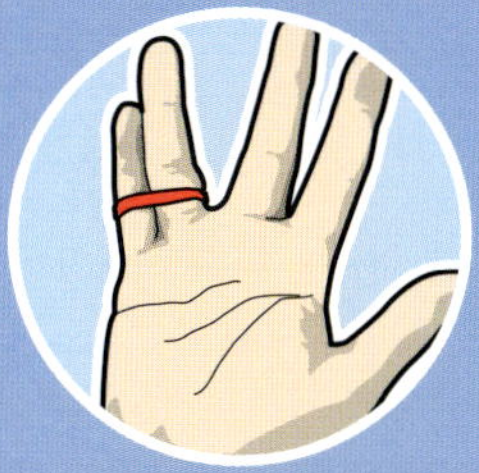

PRÄSENTATION

- *Für diesen Trick können Sie ein beliebig langes Gummiband verwenden. Legen Sie es um zwei Finger. Ist es zu lose, wickeln Sie es so oft um die Finger, bis es fest genug sitzt und nicht rutscht.*

Springende Gummibänder

DIE TÄUSCHUNG
Zwei Gummibänder in verschiedenen Farben tauschen die Plätze, indem sie jeweils von zwei Fingern auf zwei andere springen. Diesen Trick können Sie gut im Anschluss an das »Wandernde Gummiband« (Seite 64) vorführen. Er funktioniert auf die gleiche Art, wirkt auf die Zuschauer aber durch den Fingerwechsel schwieriger.

SIE BRAUCHEN:
2 Gummibänder in verschiedenen Farben

SCHWIERIGKEIT: STUFE 2

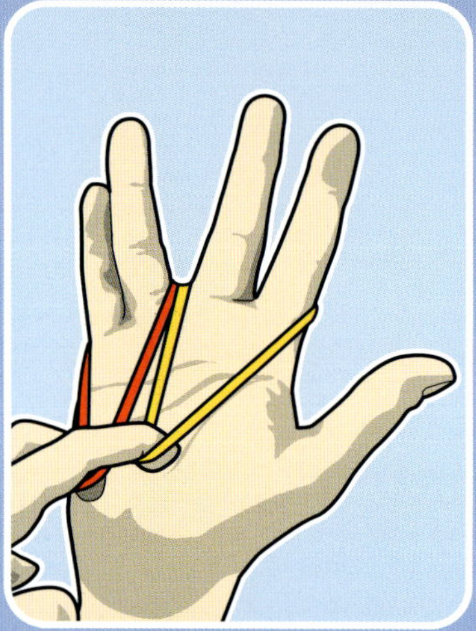

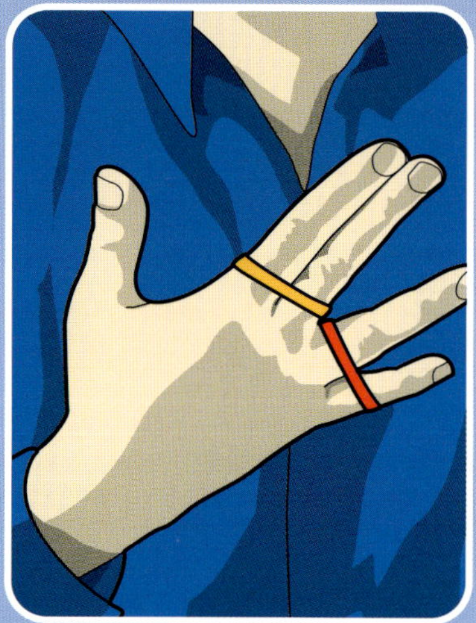

1 Ein Gummiband um Zeige- und Mittelfinger legen, das andere um Ringfinger und kleinen Finger. Beide Bänder dehnen und eins über das andere legen, sodass sie sich kreuzen. Alle vier Finger biegen und die Fingerspitzen in den entstandenen Bereich stecken.

2 Die Zuschauer sehen nicht, was Sie in Ihrer Handfläche tun. Es hat den Anschein, als würden Sie nur die Finger zu einer Faust ballen. Von vorn gesehen liegen die Gummibänder noch auf zwei Fingerpaaren.

3 Strecken Sie die Finger aus, und die beiden Gummibänder springen automatisch jeweils auf die anderen beiden Finger.

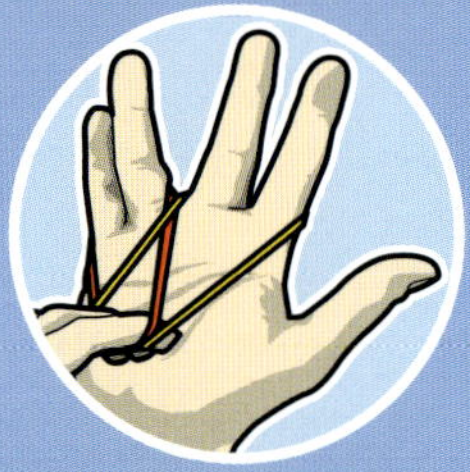

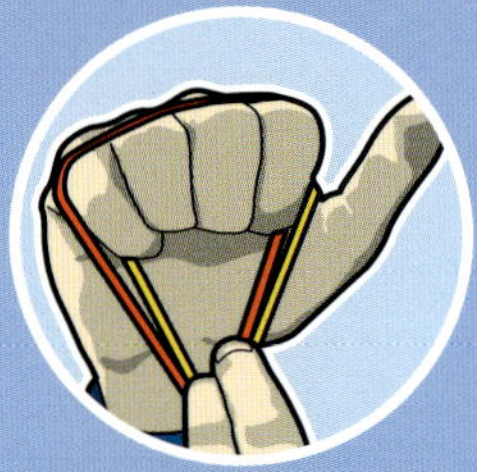

Platzwechsel

DIE TÄUSCHUNG

Ähnlich dem vorherigen Trick tauschen wieder zwei Gummibänder die Plätze. Doch diesmal ist eines um Ihren Finger geschlungen und das zweite hängt von dem ersten herab. Sie ziehen an dem unteren und schon haben beide blitzschnell die Plätze gewechselt. Um die Wirkung zu steigern, benutzen Sie wieder zwei Bänder mit verschiedenen Farben. Üben Sie gut, damit Sie die Bewegungen flüssig und ohne zu zögern durchführen können.

SIE BRAUCHEN:

2 Gummibänder in verschiedenen Farben

SCHWIERIGKEIT: STUFE 2

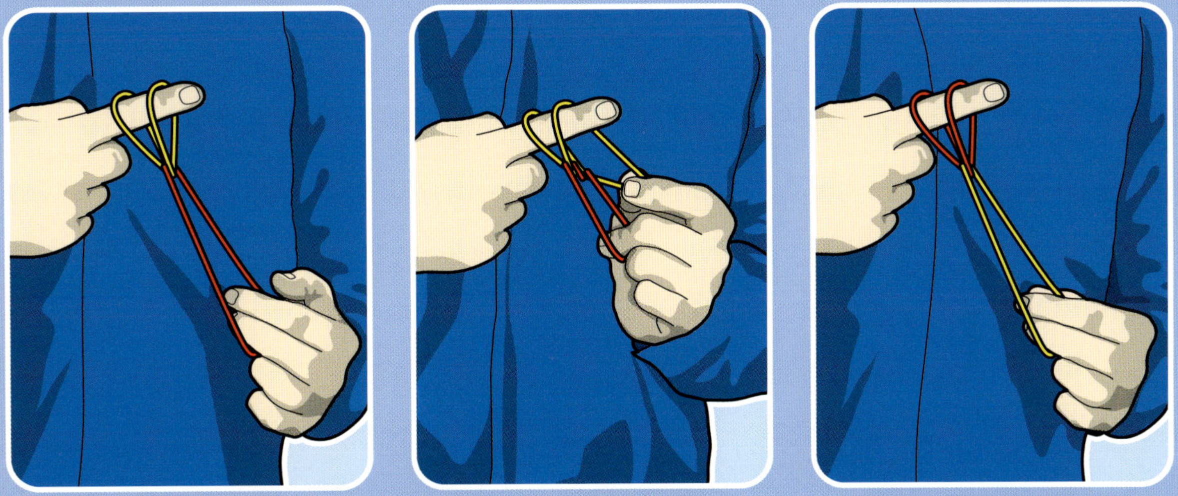

1 Stecken Sie ein Gummiband durch das andere. Knicken Sie es dann nach oben zusammen und hängen Sie es über Ihren rechten Zeigefinger. Das andere Band hängt nun darunter und um zu zeigen, dass beide Bänder fest miteinander verbunden sind, dehnen Sie es mit Mittel- und Zeigefinger ihrer linken Hand.

2 Dehnen Sie das Band zwei- oder dreimal. Bevor Sie es ein weiteres Mal dehnen, lassen Sie den linken Zeigefinger los und ergreifen damit einen Teil des gefalteten Gummibandes.

3 Während Sie mit dem Zeigefinger das gefaltete Gummiband festhalten, ziehen Sie gleichzeitig den Mittelfinger aus dem herabhängenden Band. Ziehen Sie den Zeigefinger nach unten – und die beiden Gummibänder haben ihre Plätze getauscht!

Sesam öffne dich!

DIE TÄUSCHUNG
Zwei geschlossene Sicherheitsnadeln öffnen sich in Ihrer Hand wie von selbst. Der Trick muss vorbereitet werden, funktioniert dann aber fast automatisch. Das bedeutet aber trotzdem: »Übung macht den Meister!« Wie bei allen Tricks in diesem Buch sollten Sie sich auch hier gründlich vorbereiten, bevor Sie anderen etwas vorzaubern. Der Unterschied zwischen einem gekonnt vorgeführten und einem hingeschluderten Trick ist wie der zwischen Tag und Nacht.

SIE BRAUCHEN:
2 große, identische Sicherheitsnadeln

SCHWIERIGKEIT: STUFE 2

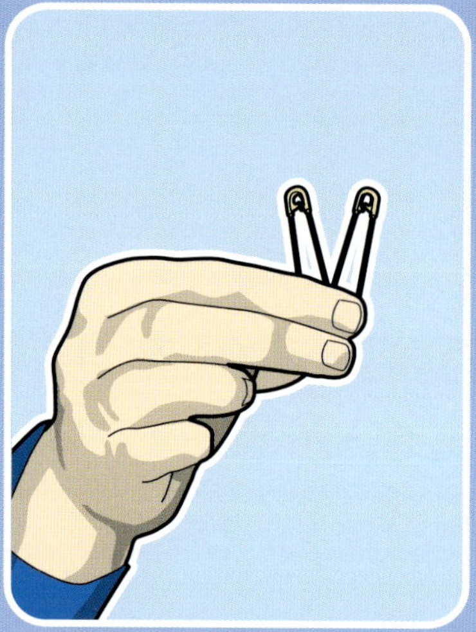

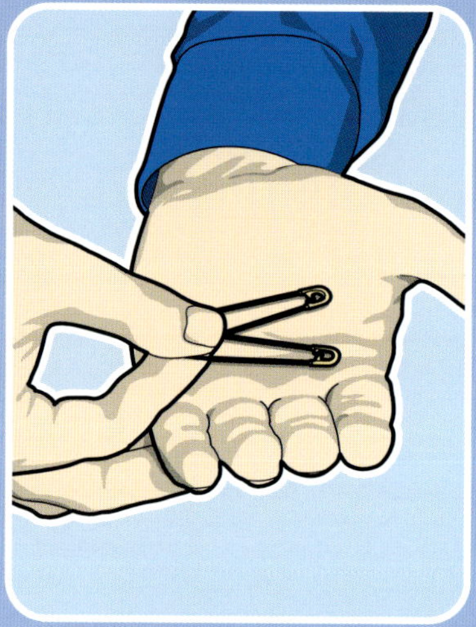

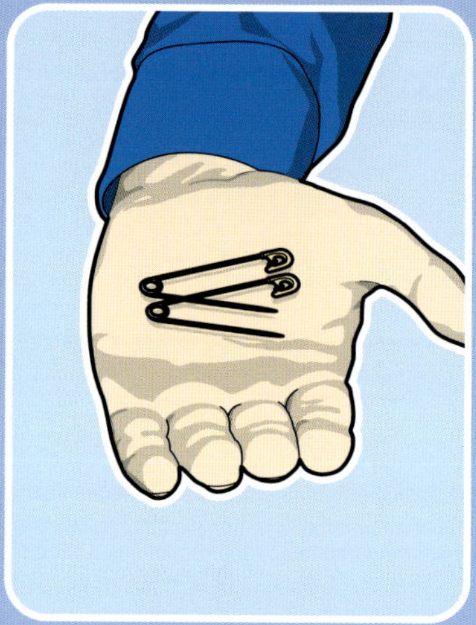

1 Zur Vorbereitung beide Sicherheitsnadeln öffnen und dann die Spitzen in den Sicherungskopf der jeweils anderen Nadel stecken. Beim Halten der Nadeln so weit unten wie möglich anfassen. Von vorn muss es aussehen, als wenn beide normal geschlossen sind.

2 Nadeln in Handfläche legen und Finger darum biegen. Wenn sie nicht mehr zu sehen sind, loslassen. Die Nadeln sind jetzt voneinander gelöst. Drehen Sie die obere Nadel um, sodass beide in dieselbe Richtung weisen. Hand schließen.

3 Eine magische Geste über der Faust machen, dann öffnen. Die Sicherheitsnadeln haben sich anscheinend von selbst geöffnet. Lassen Sie sie vorsichtig auf den Tisch oder in die Hand eines Zuschauers gleiten. Ihr Publikum wird ratlos sein.

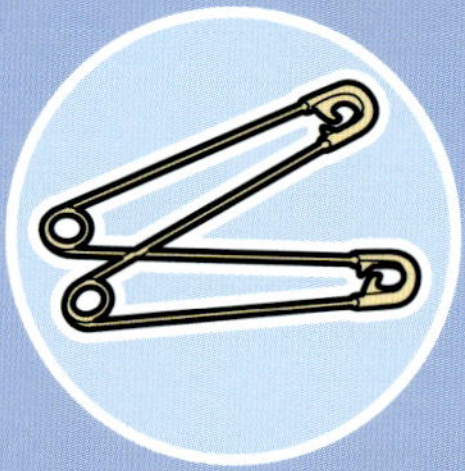

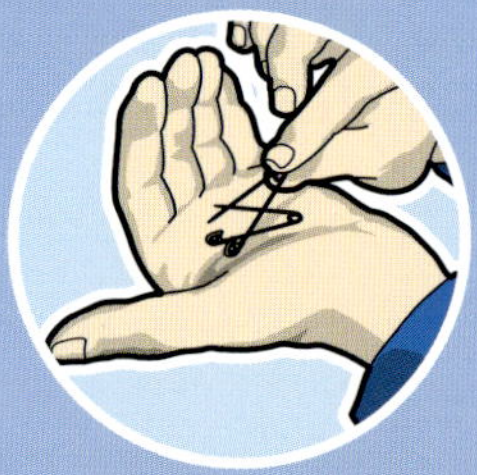

Nadeln ohne Sicherheit

DIE TÄUSCHUNG
Zwei geschlossene Sicherheitsnadeln sind miteinander verkettet und doch können Sie sie mit einem einzigen Ruck trennen, ohne sie zu öffnen. Diesen Trick zeigen Sie am besten als Teil einer Serie. Erarbeiten Sie sich ein Programm, und zeigen Sie dieses kleine Kunststück zusammen mit anderen, bei denen dieselben Requisiten benutzt werden.

SIE BRAUCHEN:
2 große, identische Sicherheitsnadeln

SCHWIERIGKEIT: STUFE 3

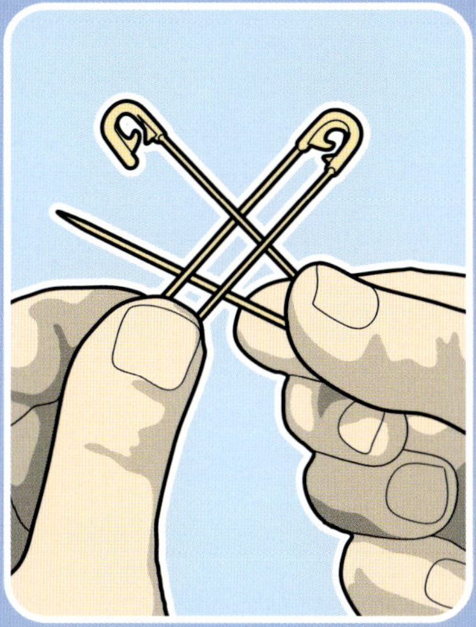

1 Eine Nadel öffnen und mit der anderen verketten. Entscheidend für das Gelingen des Tricks ist es, dass der sich öffnende Riegel der Nadel in Ihrer rechten Hand rechts liegt und der Kopf der Nadel in Ihrer linken Hand sich unten befindet. Halten Sie beide Nadeln gut fest.

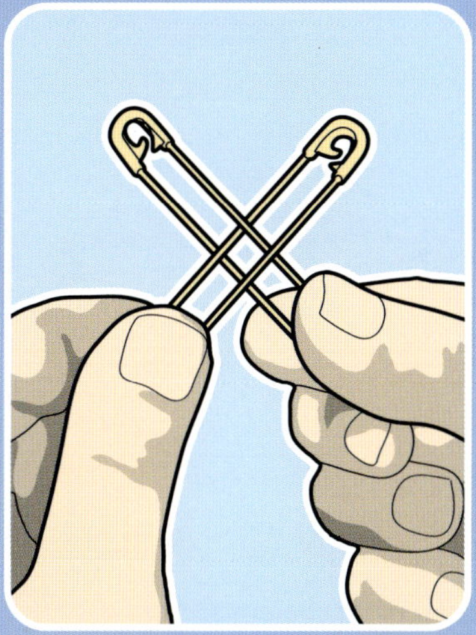

2 Während Sie die Nadeln über Kreuz halten, üben Sie leichten Druck auf diese aus, indem Sie Ihre rechte Hand etwas von sich weg und die linke leicht zu sich hin drücken.

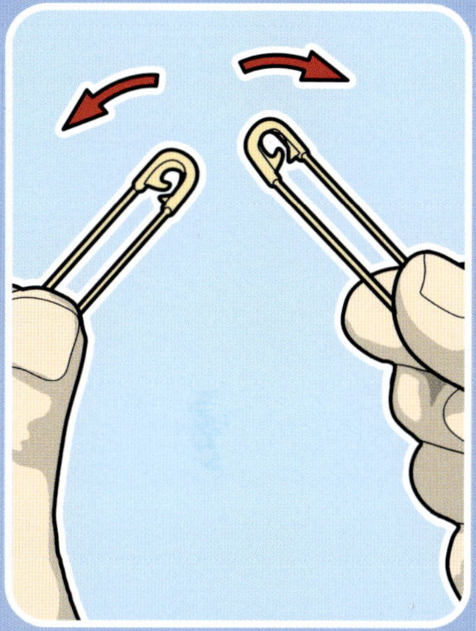

3 Ziehen Sie beide Hände mit einem Ruck auseinander – und die Nadeln werden getrennt, ohne sich zu öffnen. Der Trick braucht etwas Übung, aber wenn Sie den Kniff erst einmal heraushaben, ist er nicht schwer. Aber sehr verblüffend!

Wandernde Nadel

DIE TÄUSCHUNG
Eine Sicherheitsnadel wird in einem Tuch festgesteckt und wandert an eine andere Stelle, ohne geöffnet worden zu sein. Ein cleverer Trick, sogar wenn man weiß, wie er funktioniert. Wenn Sie ihn gut beherrschen, können Sie sich ein Taschentuch oder ein Hemd von den Zuschauern ausleihen – das Publikum wird dann erst recht den Atem anhalten!

SIE BRAUCHEN:
1 große Sicherheitsnadel
1 Tuch

SCHWIERIGKEIT: STUFE 4

1 Bitten Sie jemanden, das Tuch zu halten, und zwar an den oberen Ecken und straff gezogen.

2 Stecken Sie die Sicherheitsnadel dicht am oberen Rand und von Ihnen aus gesehen links der Mitte durch das Tuch.

3 Schließen Sie die Sicherheitsnadel. Halten Sie die Nadel fest in Ihrer rechten Hand. Der sich öffnende Riegel liegt rechts und die Nadel ist nach links gekippt.

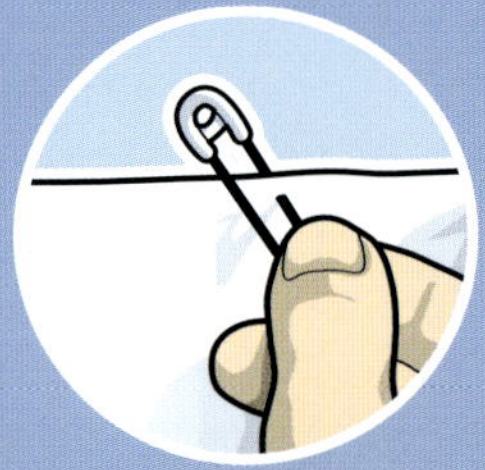

4 Linke Hand vor die Nadel legen, um sie zu verbergen. Dann die Nadel nach unten ziehen, sodass der Stoff in den Nadelkopf gezogen wird. Einen leichten Zug nach unten beibehalten und die Nadel mit einem Ruck nach rechts ziehen. Sie öffnet sich und kann auf dem Stoff weiterrutschen. Halten Sie diese weiterhin mit der linken Hand verdeckt.

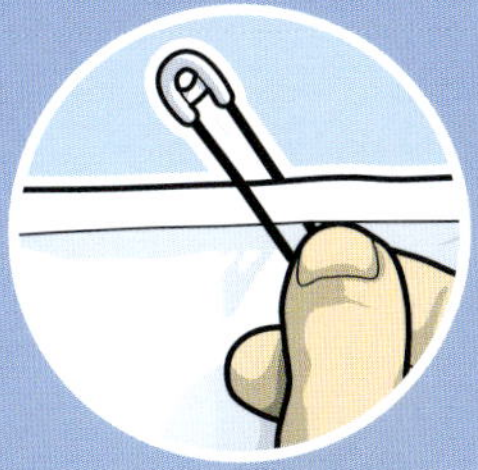

5 Nach etwa 15 bis 20 Zentimetern (je nach Tuchgröße) stecken Sie die Nadel wieder durch das Tuch und schließen sie. Nun nehmen Sie Ihre linke Hand weg – die Sicherheitsnadel ist ungeöffnet ein Stück weiter gewandert!

PRÄSENTATION

- *Dieser verblüffende Trick ist einfach, wenn Sie erst einmal den Dreh heraushaben. Probieren Sie ihn zunächst mit einem alten Taschentuch, da bei den ersten Versuchen der Stoff einreißen kann.*
- *Beim Weiterbewegen über das Tuch die Nadel etwas nach unten ziehen, damit sie nicht vom Rand des Tuches abgleitet.*
- *Wenn Sie den Trick sicher beherrschen und die Nadel schnell und leicht über das Tuch gleitet, können Sie ihn auch vorführen, ohne die Nadel zu verdecken. Noch unglaublicher!*

Magischer Pfefferminzring

DIE TÄUSCHUNG
Ein Pfefferminzring wird auf eine Schnur aufgefädelt. Ein Zuschauer hält die Enden der Schnur, und Sie bedecken das Pfefferminz mit einem Tuch. Dann greifen Sie unter das Tuch und entfernen den Pfefferminzring, ohne ihn zu zerbrechen. Dieser Trick erfordert etwas mehr Übung, aber die gewonnene Fingerfertigkeit hilft Ihnen auch bei anderen Kunststücken.

SIE BRAUCHEN:
2 Pfefferminzringe
1 Schnur,
etwa 50 Zentimeter lang
1 Tuch

SCHWIERIGKEIT:
STUFE 4

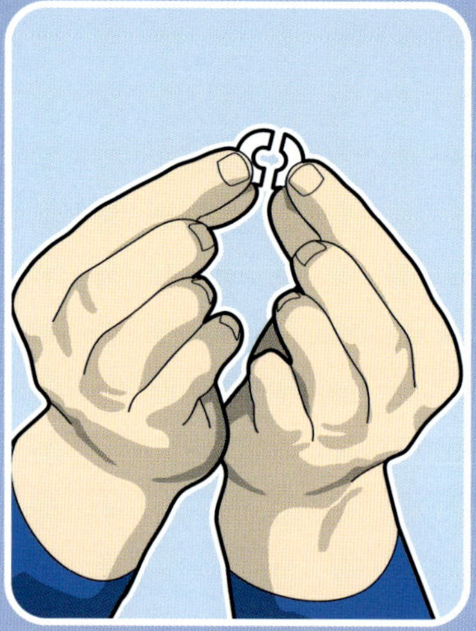

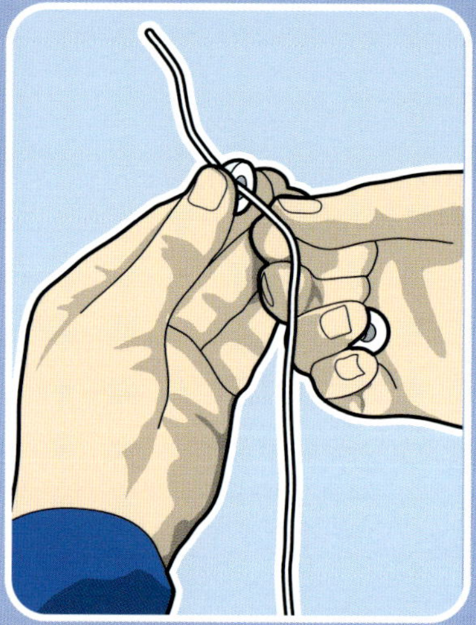

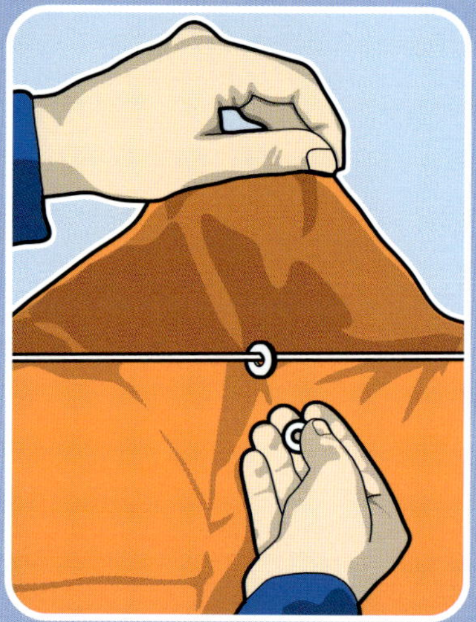

1 **Zur Vorbereitung brechen Sie einen der Ringe in zwei Hälften. Die Bruchstellen leicht anfeuchten, dann zusammenpressen, bis sie kleben bleiben. Ein zweites Pfefferminz in der Hand verstecken und die Finger leicht umbiegen.**

2 **Zur Vorführung das geklebte Pfefferminz auf die Schnur fädeln. Die Zuschauer dürfen auf keinen Fall das zweite Pfefferminz sehen, das Sie in der Hand halten. Bitten Sie einen Zuschauer, die Schnur an beiden Enden – dabei straff gespannt – zu halten.**

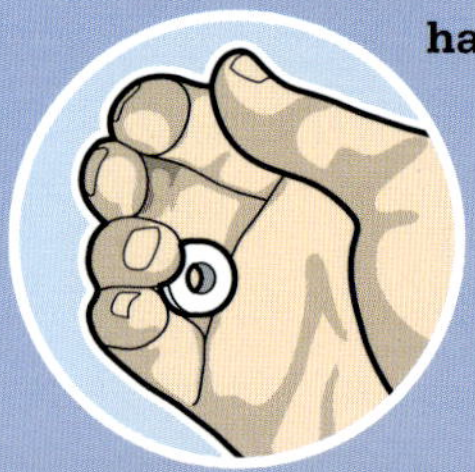

3 **Während Sie das zweiteilige Pfefferminz mit dem Tuch bedecken, schieben Sie das zweite Pfefferminz zu den Fingerspitzen, aber erst, wenn Ihre Hand hinter dem Tuch verborgen ist. Das Tuch bleibt über der Schnur hängen.**

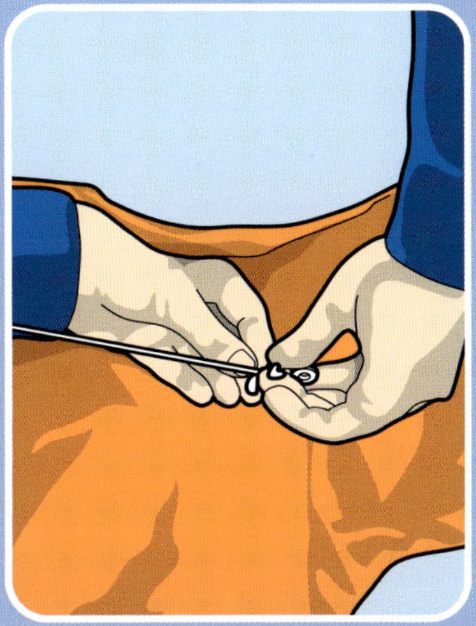

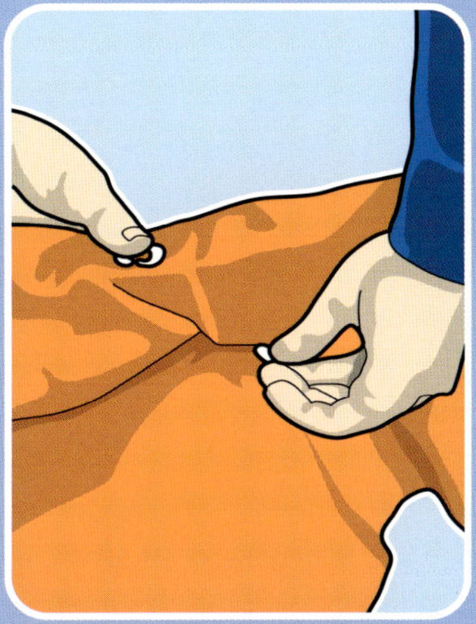

4 Im Schutze des Tuchs brechen Sie das Pfefferminz auf der Schnur vorsichtig entzwei. Das geht leicht, da es ja schon eine Bruchstelle hat. Achten Sie darauf, keins der zerbrochenen Teile fallen zu lassen.

5 Nehmen Sie beide Bruchstücke in die linke Hand und ergreifen Sie nun damit auch das Tuch. Bewegen Sie das zweite Pfefferminz an die Stelle, an der sich das zerbrochene auf der Schnur befunden hatte.

6 Heben Sie das Tuch mit einer eleganten Handbewegung und einer beschwörenden Zauberformel hoch und zeigen Sie dem Publikum den unversehrten Pfefferminzring, den Sie mit Ihren magischen Kräften von der Schnur gelöst haben.

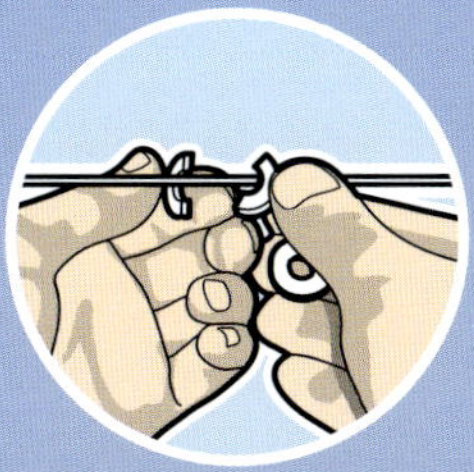

PRÄSENTATION

- *Seien Sie nicht nervös wegen des in Ihrer Hand versteckten Pfefferminzrings. Die Hand nicht verkrampfen, ganz natürlich halten. Keine Angst, Sie können trotzdem die Finger bewegen. Die Zuschauer wissen nicht, dass das Pfefferminz dort ist – also konzentrieren Sie sich auf die anderen Dinge und niemand wird Verdacht schöpfen.*
- *Wenn Sie das Tuch entfernt haben, stecken Sie es in Ihre Hosentasche. Später können Sie es wieder herausziehen und das zerbrochene Pfefferminz in der Tasche lassen.*

Ein Tuch durchdringt Glas

DIE TÄUSCHUNG
Sie stopfen ein Tuch in ein Glas und verschließen die Öffnung mit einem anderen Tuch. Trotzdem können Sie das Tuch wieder aus dem Glas herausziehen. Dieser Durchdringungstrick ist zugleich einfach und effektvoll und wird vor den neugierigen Augen der Zuschauer durchgeführt. Nach intensiver Übung werden Sie merken, dass Sie mit ein paar geschickten Bewegungen ungläubiges Staunen hervorrufen können.

SIE BRAUCHEN:
2 Tücher
1 Wasserglas
1 Gummiband

SCHWIERIGKEIT: STUFE 3

1 Das Wasserglas muss eine gerade Form haben. Stopfen Sie ein Tuch hinein und achten Sie darauf, dass eine Ecke leicht greifbar bleibt. Halten Sie das Glas an den Seiten, der Glasboden steht auf Ihrer Handinnenfläche.

2 Mit der linken Hand das andere Tuch über das Glas legen. Sobald es nicht mehr zu sehen ist, lockern Sie den Griff, sodass sich das Glas von oben nach unten drehen lässt. Darauf achten, dass das Tuch nicht hinausfällt!

3 Ziehen Sie mit der linken Hand das Gummiband über Glas und Tuch. Die Zuschauer gehen davon aus, dass die Öffnung des Glases immer noch oben ist.

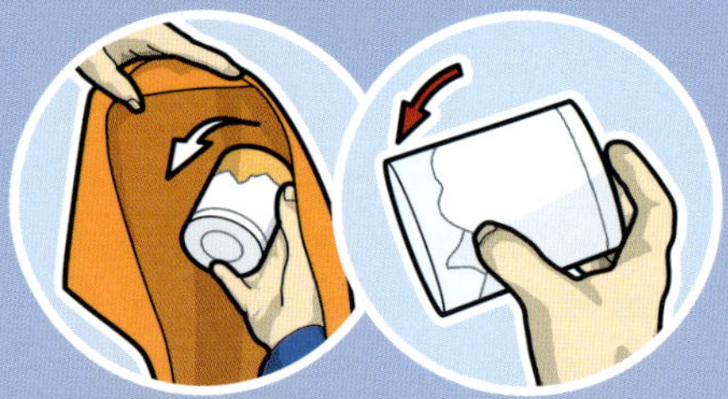

PRÄSENTATION

- *Machen Sie keine verräterischen Bewegungen, wenn Sie am Anfang und am Schluss das Glas umdrehen. Denken Sie daran, dass Sie in dem Moment eigentlich gar nichts machen.*
- *Ziehen Sie das Tuch nach der Seite und nicht nach unten. Die Zuschauer kommen dann nicht so leicht auf die Idee, dass die Glasöffnung irgendwie nach unten gekommen sein könnte.*
- *Üben Sie, bis Sie alle heimlichen Bewegungen unauffällig und zügig ausführen können.*

4 **Halten Sie das Glas mit der linken Hand. Greifen Sie mit der rechten unter das Tuch und nach der erreichbaren Ecke des Tuches im Glas. Ziehen Sie es seitlich, als würden Sie es durch das Glas hindurchziehen. Holen Sie es vollständig heraus und lassen Sie es auf Ihren Schoß fallen.**

5 **Greifen Sie mit der rechten Hand unter das Tuch und halten Sie das Glas wieder locker an den Seiten, während die Hand unter dem Boden ist. Ziehen Sie langsam das Tuch, das Ihr Glas bedeckt, weg. Sobald das Gummiband abspringt, drehen Sie das Glas wieder zurück. Ziehen Sie das Tuch ganz weg und zeigen Sie so, dass das Glas leer ist und natürlich mit der Öffnung nach oben unter dem Tuch war!**

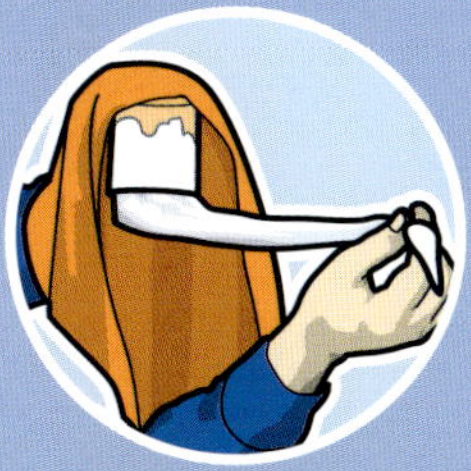

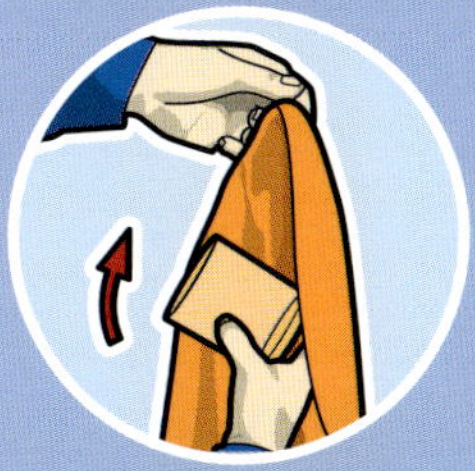

Wo ist das Geld geblieben?

DIE TÄUSCHUNG

Sie werfen eine Münze in ein Glas, die daraus im selben Moment wieder verschwindet. Ein großartiger Trick, den Sie gut spontan vorführen können. Dabei ist besonders verblüffend, dass man das Geräusch der Münze hört, wie sie in das Glas fällt – sie aber gleich darauf nicht mehr dort ist. Ein gutes Beispiel dafür, dass man die Zuschauer nicht nur durch das, was sie sehen, sondern auch durch das, was sie hören, in die Irre führen kann.

SIE BRAUCHEN:

1 Münze
1 Wasserglas
1 Tuch

SCHWIERIGKEIT: STUFE 3

1 **Legen Sie das Tuch über Ihre linke Hand. Mit den Fingern dieser Hand greifen Sie durch die Mitte des Tuches hindurch die Münze.**

2 **Neigen Sie das Glas etwas in Richtung der Münze. Beugen Sie die linke Hand so nach unten, dass die Münze über die Öffnung des Glases gehalten wird. Nun das Glas wieder aufrecht halten.**

3 **Bedecken Sie das Glas mit dem Tuch. Die Münze befindet sich immer noch über der Öffnung. Die Zuschauer sollen die Umrisse von Glas und Münze sehen können.**

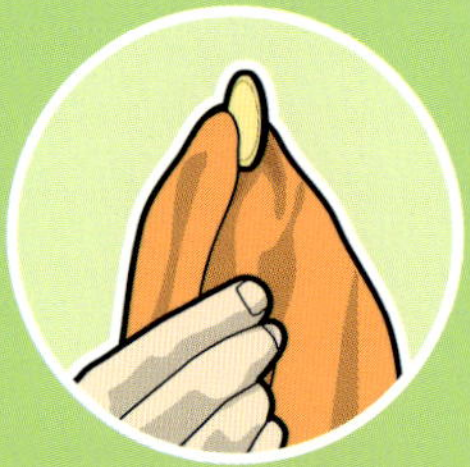

4 Nun die Münze etwas hochheben, als würden Sie das Tuch zurechtrücken. Schütteln Sie es ganz leicht hin und her. Gleichzeitig das Glas etwas nach vorn kippen, sodass die Münze nun über der Seite des Glases ist.

5 Lassen Sie die Münze los; sie fällt und ein Klimpern ist zu hören. Die Zuschauer denken, die Münze sei auf den Boden des Glases gefallen. Tatsächlich ist sie aber auf der Seite des Glases und dann in Ihrer Hand gelandet.

6 Stellen Sie das Glas vor sich auf den Tisch. Bewegen Sie Ihre rechte Hand zur Tischkante und lassen Sie die Münze sanft auf Ihren Schoß fallen.

7 Machen Sie eine magische Geste über dem Glas und ziehen Sie das Tuch weg. Die Münze ist aus dem Glas verschwunden.

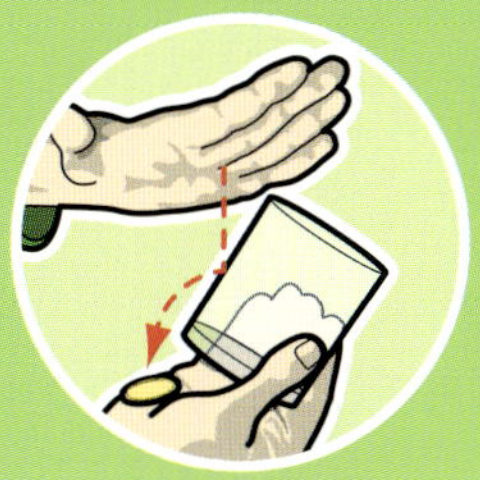

Welche Münze war es?

DIE TÄUSCHUNG

Ohne dass Sie es sehen können, darf ein Zuschauer aus einer Reihe von Münzen, die Sie zuvor auf den Tisch gelegt haben, eine auswählen. Sie wissen sofort, um welche Münze es sich handelt. Bei diesem einfachen mathematischen Trick können Sie sich voll und ganz auf eine unterhaltsame Vorführung konzentrieren. Anstelle der Münzen können Sie natürlich auch andere kleine Gegenstände verwenden. Dieser Trick lässt sich gut spontan zeigen.

SIE BRAUCHEN:

15 bis 20 Münzen

SCHWIERIGKEIT:
STUFE 1

1 **Legen Sie fünf Münzen in einer geraden Linie auf den Tisch, die anderen in einem Kreis – ähnlich dem Buchstaben Q.**

2 **Ein Zuschauer wählt eine Zahl zwischen 10 und 20. Bei der untersten Münze des Striches beginnend, lassen Sie ihn im Uhrzeigersinn bis zu dieser Nummer zählen. Danach lassen Sie ihn dieselbe Zahl zurückzählen, entgegen dem Uhrzeigersinn und nur auf dem Kreis, den Strich auslassen. Münze merken lassen!**

3 **Dabei haben Sie dem Zuschauer den Rücken zugedreht. Münze werfen lassen. Die Anzahl der Münzen, die den Strich bilden, verrät Ihnen die Lösung. Sie zählen, rechts vom Strich beginnend, diese Zahl nach oben und kommen so stets zur richtigen Münze.**

Erfühlen einer Münze

DIE TÄUSCHUNG
Jemand wählt aus mehreren Münzen eine aus, markiert sie und legt sie wieder zu den anderen. Sie erfühlen die Münze.

SIE BRAUCHEN:
Mehrere Münzen
1 Stift zum Markieren
1 durchsichtiges Glas

SCHWIERIGKEIT: STUFE 2

PRÄSENTATION
- *Wenn es geht, kühlen Sie die Münzen, bevor Sie den Trick zeigen. Dadurch können sie den Unterschied zwischen der markierten Münze und den anderen leichter erkennen.*

1 **Legen Sie eine kleine Anzahl verschiedener Münzen in den Behälter und bitten Sie jemanden, eine auszuwählen. Drehen Sie ihm den Rücken zu, während er mit dem Stift ein Zeichen auf der Münze anbringt, damit er sie später wiedererkennen kann.**

2 **Bitten Sie den Zuschauer nun, sich auf die Münze zu konzentrieren und sie dabei in einer geschlossenen Faust an die Schläfe zu halten. Nach 15 bis 20 Sekunden lassen Sie ihn die Münze zu den anderen zurücklegen.**

3 **Greifen Sie – ohne hinzusehen – in den Behälter und nehmen Sie eine Münze nach der anderen heraus. Schließlich gelingt es Ihnen, die markierte Münze zu identifizieren. Da sie einen Moment lang in der Hand gehalten wurde, ist sie etwas wärmer als die anderen Geldstücke.**

Launisches Geld

DIE TÄUSCHUNG
Ein Geldstück verschwindet, während Sie es in Ihre Hand legen, und taucht aus dem Nichts in der Hand eines anderen wieder auf. Bei diesem erstklassigen Trick bekommen Sie Übung darin, die Aufmerksamkeit der Zuschauer auf etwas zu lenken, das diese zwar für wichtig halten, aber in Wirklichkeit keine Rolle spielt. Dieses Vorgehen, auch Finte genannt, ist das Geheimnis vieler großer Zaubertricks.

SIE BRAUCHEN:
1 Geldstück

SCHWIERIGKEIT:
STUFE 4

1 **Stellen Sie sich zur Linken Ihres Mitspielers/Ihrer Mitspielerin und zeigen Sie ihr ein Geldstück. Erklären Sie, dass Sie damit dreimal in Ihre linke Hand schlagen werden und es daraufhin verschwindet. Zeigen Sie, was Sie tun werden.**

2 **Heben Sie eine Hand über den Kopf der Mitspielerin, führen Sie die Hand dann hinunter zur anderen und sagen Sie »Eins«. Wiederholen Sie das Handheben und sagen Sie dabei »Zwei«. Heben Sie das Geldstück zum dritten Mal; diesmal lassen Sie es in der Mitte Ihres Kopfes liegen. Es darf nicht herunterfallen!**

3 **Führen Sie Ihre Hand nach unten und sagen Sie »Drei«. Dabei öffnen Sie gleichzeitig beide Hände und »beweisen«, dass das Geldstück verschwunden ist.**

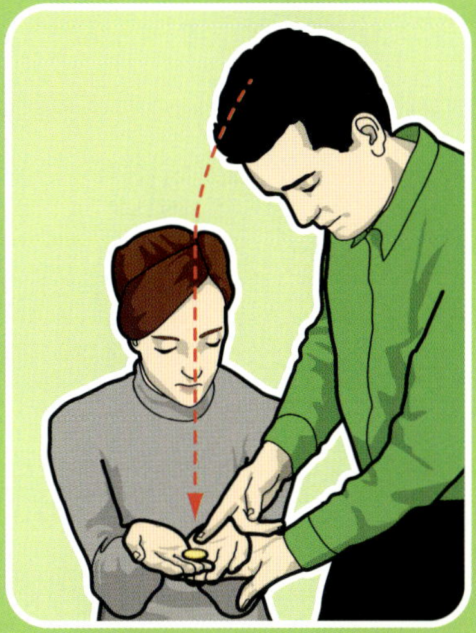

4 **Die sitzende Person wird wahrscheinlich zu Ihnen hochblicken, aber sie kann das Geldstück nicht sehen. Sie können Ihre Ärmel hochkrempeln und die Person Ihre Hände untersuchen lassen – es bleibt verschwunden.**

5 **Nun fordern Sie Ihre Mitspielerin auf, ihrerseits die Hände aufzuhalten. Zeigen Sie darauf und kündigen Sie an, dass Sie gleich bis drei zählen werden und dann das Geldstück wieder auftauchen wird.**

6 **Wenn Sie bei »Zwei« sind, neigen Sie den Kopf nach vorn, sodass das Geldstück hinunterrutscht. Wenn Ihre Zeitplanung exakt ist, fällt es in die Hände Ihrer Mitspielerin, wenn Sie »Drei« sagen. Die Münze ist scheinbar aus dem Nichts wieder aufgetaucht.**

PRÄSENTATION

- *Wenn Sie am Anfang bis drei zählen, führen Sie Ihre Hand immer an dieselbe Stelle über Ihrem Kopf. So gibt es keine auffällige Veränderung, wenn Sie das Geldstück schließlich auf Ihren Kopf legen.*
- *Merken Sie sich genau die Stelle auf Ihrem Kopf, von der es nicht hinunterfällt.*
- *Üben Sie, wann Sie Ihren Kopf neigen müssen, damit das Geld bei »Drei« in den Händen der Mitspielerin landet. Ist die Münze gefallen, treten Sie einen Schritt zurück und schauen nach oben: Woher die Münze wohl kam?*

Wo um Himmels willen ...?

DIE TÄUSCHUNG
Sie verdecken eine Münze mit einem Tuch, ziehen das Tuch wieder weg und – die Münze hat sich in Luft aufgelöst!

SIE BRAUCHEN:
1 Münze
1 Tuch
1 Hemd mit Brusttasche

SCHWIERIGKEIT: STUFE 2

PRÄSENTATION

- *Wenn die Münze in Ihrer Tasche verschwunden ist, die linke Hand sogleich davon weg nach vorn führen. Auf keinen Fall pausieren. Üben Sie die ruhige, fließende Rückwärtsbewegung mit dem Tuch.*

1 Halten Sie den Münzrand in der rechten Hand. Das Tuch klemmen Sie zwischen Zeige- und Mittelfinger der linken Hand.

2 Das Tuch von vorn über die Münze legen, die linke Hand über die rechte nach hinten bewegen, dabei heimlich die Münze ergreifen und mit nach hinten nehmen. Die rechten Finger bewegen sich nicht. Die linke Hand zur Brusttasche führen und die Münze fallen lassen. Das Tuch verbirgt das Geschehen.

3 Noch immer verdeckt das Tuch Ihre rechte Hand. Die linke Hand von der Brusttasche wegbewegen und das Tuch nach hinten über die rechte Hand ziehen. Wenn dieses aufgedeckt wird, ist die Münze verschwunden.

Wertvolles Brötchen

DIE TÄUSCHUNG
Sie nehmen ein frisches Brötchen vom Tisch, brechen es auf und finden darin ein Geldstück.

SIE BRAUCHEN:
1 frisches Brötchen
1 Geldstück

SCHWIERIGKEIT: STUFE 2

PRÄSENTATION

- *Anstatt mit der rechten Hand nach dem Brötchen zu greifen, lassen Sie eher das Brötchen in Ihre rechte Hand gelangen. Bei diesem Trick können Sie dieselbe Münze wieder auftauchen lassen, die bei »Wo ist das Geld geblieben?« (Seite 76) verschwunden ist. Sehr beeindruckend!*

1 **Halten Sie die Münze auf dem Fingeransatz der mittleren zwei Finger Ihrer rechten Hand. Die Finger sind leicht gebogen. Mit der linken Hand das Brötchen greifen, Finger unten, Daumen oben. Hände dicht zusammenbringen, das Brötchen auf die Münze legen, die Sie nach vorn zu den Fingerspitzen rutschen lassen.**

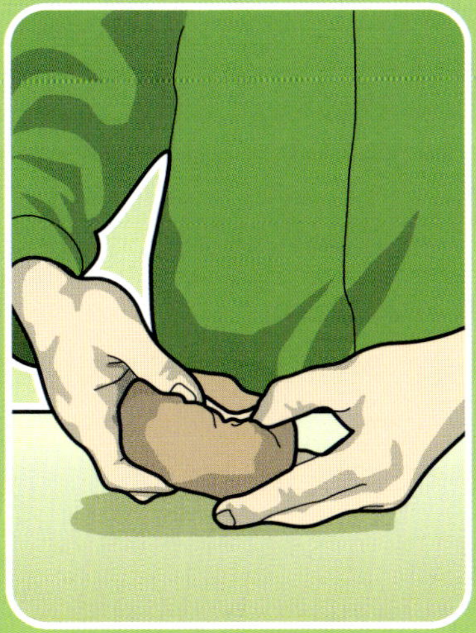

2 **Brötchen aufbrechen, indem Sie die Finger nach oben drücken und die Daumen auseinander bewegen. Dabei mit den Fingern das Geldstück von unten in das Brötchen drücken. Auf keinen Fall das Brötchen von unten aufreißen!**

3 **Geldstück weiter nach oben drücken und Brötchen an der Oberseite auseinander ziehen, bis das Geldstück zu sehen ist. Von oben sieht es aus, als hätte es in dem Brötchen gesteckt. Sobald das Geldstück zu sehen ist, brechen Sie das Brötchen in zwei Hälften, damit das Loch an der Unterseite Sie nicht verrät.**

Eins ... zwei ... weg!

DIE TÄUSCHUNG
Sie tippen mit einem Stift auf eine Münze, und beim dritten Tippen ist der Stift verschwunden. Dann finden Sie ihn wieder, aber jetzt verschwindet die Münze! Bei diesem Trick müssen Sie die verschiedenen Bewegungsphasen sehr gut üben und ganz besonders auf einen exakten Ablauf achten. Gelingt das, werden die Zuschauer vor Staunen große Augen machen!

SIE BRAUCHEN:
1 Stift
1 Münze
1 Hose oder Jackett mit Innentasche

SCHWIERIGKEIT: STUFE 3

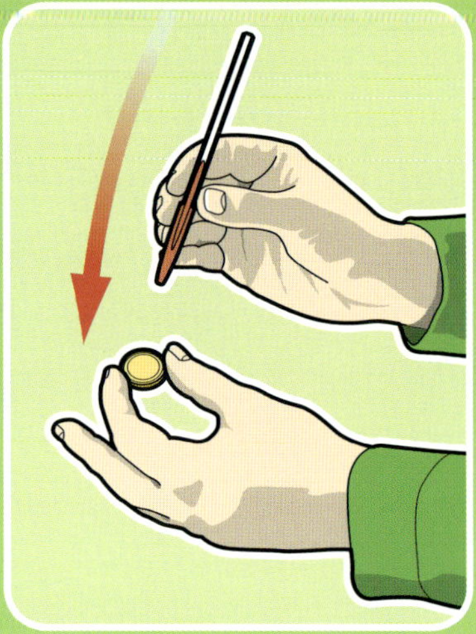

1 Münze zwischen linkem Zeigefinger und Daumen parallel zum Boden halten. Nehmen Sie den Stift in die andere Hand und kündigen Sie an, dass Sie dreimal auf die Münze tippen werden und diese beim dritten Mal verschwinden wird. Zur Demonstration mit der Spitze des Stiftes einmal auf die Münze tippen.

2 Stellen Sie sich mit der linken Seite zum Publikum. Stift nach oben führen, sodass er die rechte Seite des Kopfes streift, dann nach unten führen, auf die Münze tippen und zählen: »Eins.« Wieder zur rechten Kopfseite führen, auf die Münze tippen: »Zwei.«

3 Beim dritten Mal den Stift beim Hochführen hinter das rechte Ohr stecken. Leere Hand nach unten führen. »Drei!« Sehen Sie auf die Münze, drehen Sie Ihre Hände um – der Stift ist verschwunden.

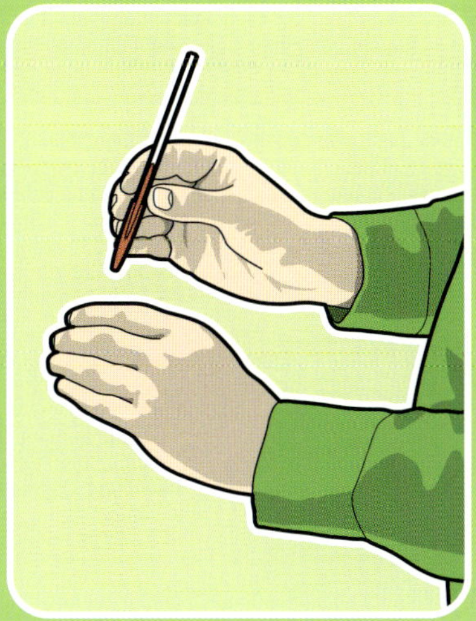

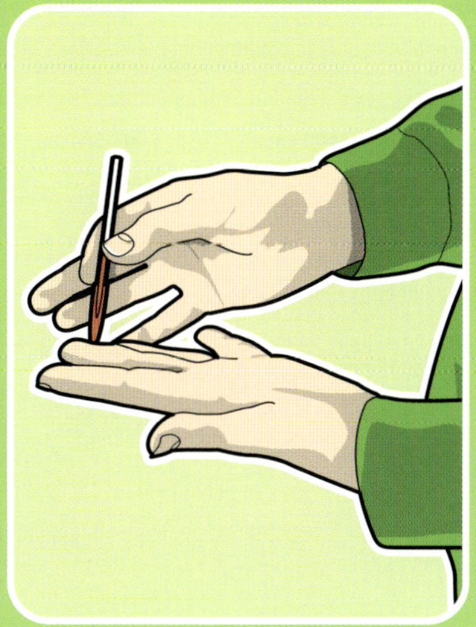

4 **Nun drehen Sie sich um, sodass Ihre rechte Seite dem Publikum zugewandt ist. Während das Publikum den Stift hinter Ihrem Ohr entdeckt, nehmen Sie ihn in die rechte Hand und lassen gleichzeitig die Münze aus der linken Hand in Hosen- oder Jacketttasche gleiten.**

5 **Ihre linke Hand hat wieder die gleiche Stellung eingenommen, als würden Sie noch immer die Münze halten. In der Rechten haben Sie den Stift. Sagen Sie: »Oh, Sie wollten, das die MÜNZE verschwindet?« Gleich darauf führen Sie den Stift hinunter zur linken Hand, öffnen deren Finger und sagen: »Vier!« Die Münze ist verschwunden.**

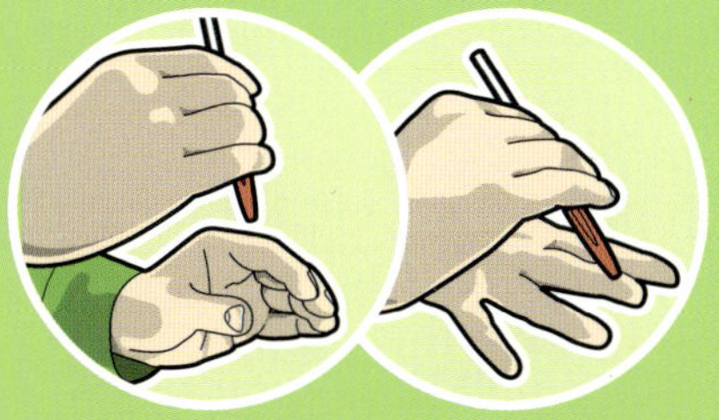

PRÄSENTATION

- *Führen Sie die linke Hand mit dem Stift jedesmal bis zur Seite Ihres Kopfes. Auf die Art sind Ihre Bewegungen immer gleich, und wenn Sie den Stift beim dritten Mal hinters Ohr stecken, wird es für Sie leichter.*
- *Wenn Sie mit dem Stift auf die Münze tippen, schauen Sie diese auch an. Wenn Sie dorthin schauen, wird es das Publikum auch tun.*

Geldstück durchdringt Ärmel

DIE TÄUSCHUNG
Während Sie eine Münze an Ihrem Ärmel reiben, durchdringt diese den Stoff und befindet sich daraufhin innerhalb des Ärmels. Wenn Sie einen solchen Trick wie aus dem Stegreif vorführen können, obwohl Sie ihn in Wirklichkeit vorbereitet haben, wird Ihr Publikum fasziniert sein.

SIE BRAUCHEN:
2 identische Münzen
1 Jackett oder Hemd mit langen Ärmeln

SCHWIERIGKEIT: STUFE 3

1 Eine der Münzen in Ihren rechten Ärmel stecken, die andere in die rechte Handfläche an den Fingeransatz legen. Nehmen Sie die Münze mit der linken Hand hoch und zeigen Sie diese vor.

2 Rechten Arm beugen und rechte Hand zum Hals führen, als würden Sie Ihren Kopf darauf stützen. Die Münze in Ihrem Ärmel rutscht hinunter zum Ellbogen. Reiben Sie mit der anderen Münze Ihren Ärmel oberhalb des Ellbogens.

3 Lassen Sie die Münze auf den Tisch fallen. Heben Sie diese mit der rechten Hand auf und halten Sie diese wie zuvor am Fingeransatz.

3 **Den gleichen Trick können Sie mit einem Haufen Münzen durchführen. Legen Sie eine größere Anzahl gleichwertiger Münzen in ein Gefäß. Der Zuschauer fasst hinein, holt eine Hand voll Münzen heraus und zählt den Betrag zusammen.**

4 **Sie machen die Vorhersagen auf dieselbe Art wie bei den Karten, doch diesmal sagen Sie anstelle der Kartenmenge den Geldbetrag voraus. Sie haben denselben Betrag wie der Zuschauer (X), einen kleinen Betrag mehr (Y) und genug, um Ihren Betrag auf X minus Y zu bringen. Das funktioniert immer dann, wenn Sie mehr Geldstücke als der Zuschauer genommen haben.**

PRÄSENTATION

- *Dieser mathematische Trick funktioniert, solange Sie mehr Karten als der Zuschauer haben. Deswegen nehmen Sie zur Sicherheit 25 bis 35 Karten.*
- *Beispiel: Der Zuschauer nimmt 15 Karten und Sie nehmen 25. Sie sagen: »Ich habe genauso viele Karten wie Sie, vier mehr und genug, um Ihre Karten auf 21 aufzufüllen«. Da Sie mehr Karten genommen haben, haben Sie genauso viele wie der Zuschauer (er hat 15). Zählen Sie von Ihren Karten nun vier ab und legen Sie die restlichen zu denen des Zuschauers – er hat jetzt 21, wie Sie vorhergesagt haben.*
- *In der Münzen-Variante dieses Tricks ist das mathematische Prinzip gut verdeckt. Indem Sie von einem Geldwert ausgehen, wird von der Anzahl der Gegenstände abgelenkt.*

Welche Karte passt nicht?

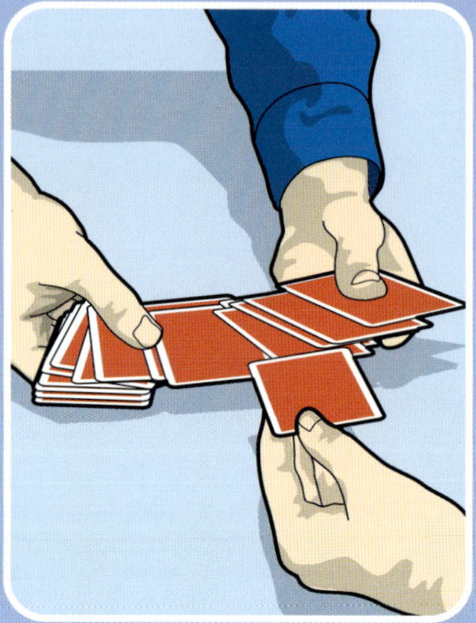

DIE TÄUSCHUNG
Ein Zuschauer sucht eine Karte aus, merkt sich diese und steckt sie an anderer Stelle zurück in den Stapel. Obwohl die Karten mit dem Bild unten liegen, wissen Sie, welche Karte der Zuschauer genommen hat. Bei diesem Trick müssen Sie die Karten vorbereiten, daher ist er am besten zu Anfang einer kleinen Show vorzuführen. Manchmal ist es besser, einen Trick als eine Geschicklichkeitsleistung und nicht als Zauberei anzupreisen. Man wird Sie für Fähigkeiten loben, die Sie gar nicht besitzen!

SIE BRAUCHEN:
1 Kartenspiel

SCHWIERIGKEIT: STUFE 1

1 **Bevor Sie anfangen, müssen Sie das Kartenspiel vorbereiten. Trennen Sie die Karten, indem Sie zwei Stapel bilden. Der eine enthält alle Karten mit geraden Zahlen sowie alle Damen; der andere Stapel ungeraden Zahlen sowie die Buben und Könige. Legen Sie den ersten Stapel (mit den geraden Zahlen und den Königinnen) auf den anderen.**

2 **Fächern Sie die obere Hälfte des Kartenspiels (Bildseite unten) auf. Bitten Sie einen Zuschauer, sich eine Karte auszusuchen und sie sich zu merken. Schieben Sie die Karten in aller Ruhe zu einem Stapel zusammen.**

3 Fächern Sie die Karten wieder auf, dieses Mal die untere Hälfte des Spiels, wobei die Bilder erneut nach unten zeigen. Bitten Sie den Mitspieler, die ausgesuchte Karte zurückzustecken. Wieder fügen sie die Karten zu einem Stapel zusammen.

4 Nun die Karten von unten aus auffächern, mit der Bildseite nach oben. Alle Karten haben gerade Zahlen – bis auf eine mit ungerader Zahl bzw. mit einer Königin. Dies ist die Karte, die zurückgesteckt wurde! Da Sie diese jetzt kennen, können Sie sie auf beliebige Art enthüllen.

5 Sie können zum Beispiel die Karte einfach herausziehen und auf den Tisch legen. Bitten Sie den Zuschauer, die gewählte Karte zu nennen und dann die von Ihnen auf den Tisch gelegte umzudrehen. Während Sie reden, mischen Sie ganz nebenbei die Karten in Ihrer Hand, um den Beweis der präparierten Reihenfolge loszuwerden.

PRÄSENTATION

- *Will jemand eine Karte aus der unteren Hälfte ziehen, so lassen Sie ihn diese anschließend in die obere Hälfte zurückstecken, und sehen Sie sich dann zuerst die obere Hälfte an.*
- *Sie können die Kartenstapel auch anders aufteilen: schwarze Karten mit ungeraden und rote mit geraden Zahlen nach oben und dann schwarze Karten mit geraden Zahlen und rote mit ungeraden nach unten. Oder: alle runden Zahlen oben. Die 2, 3, 6, 8, 9, 10, B, D sind oben alle rund. Alle nicht runden legen Sie nach unten: A, K, 4, 5, 7 sind flach oder spitz.*

Wer ist der Dieb?

DIE TÄUSCHUNG
Ohne dass Sie es sehen, versteckt jemand aus dem Publikum einen Gegenstand bei sich. Sie erraten, wer es war. Bei diesem Trick brauchen Sie einen heimlichen Helfer. Da die Zuschauer nicht wissen, dass Ihnen jemand hilft, werden sie baff vor Staunen sein. Mit einem heimlichen Assistenten können Sie Ihr Repertoire um ein paar unglaubliche Tricks ergänzen, aber nehmen Sie diese Methode nicht zu oft in Anspruch.

SIE BRAUCHEN:
1 kleinen Gegenstand
1 heimlichen Helfer

SCHWIERIGKEIT: STUFE 1

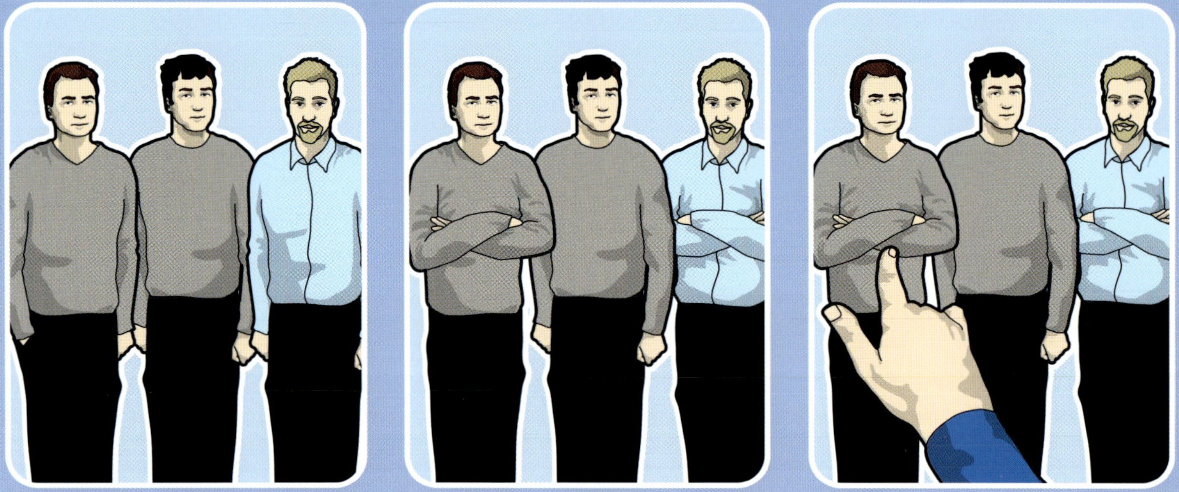

1 Übergeben Sie einer Zuschauergruppe einen kleinen Gegenstand. Während Sie der Gruppe den Rücken zukehren, steckt ihn jemand in die Tasche. Ihr Gehilfe sieht natürlich, wer es ist. Danach drehen Sie sich wieder um und schauen die Gruppe an.

2 Um Ihnen zu verraten, wer den Gegenstand hat, ahmt Ihr Gehilfe die Handlungen des ausgewählten Zuschauers nach. Verschränkt dieser die Arme oder legt er die Hand ans Kinn, tut Ihr Gehilfe es auch. Natürlich darf es nicht auffallen, dass Ihr Gehilfe den »Dieb« ständig imitiert.

3 Sehen Sie Ihren Gehilfen an und überprüfen Sie, wer dieselbe Körperstellung hat. Wissen Sie erst einmal, wer es ist, tun Sie so, als würden Sie durch genaue Beobachtung von Körpersprache oder Mienenspiel herausfinden, wer den versteckten Gegenstand hat.

Schwarze Magie

DIE TÄUSCHUNG
Ohne dass Sie es sehen, wählt ein Zuschauer aus einer Reihe von Gegenständen einen aus – und Sie wissen, um welchen es sich handelt! Auch bei diesem Trick brauchen Sie einen heimlichen Assistenten. Kennen Sie und einer Ihrer Freunde erst einmal das Verfahren, können Sie dieses kleine Zauberkunststück überall und jederzeit gemeinsam vorführen.

SIE BRAUCHEN:
Verschiedene Alltagsgegenstände, einer davon schwarz
1 Gehilfen

SCHWIERIGKEIT: STUFE 1

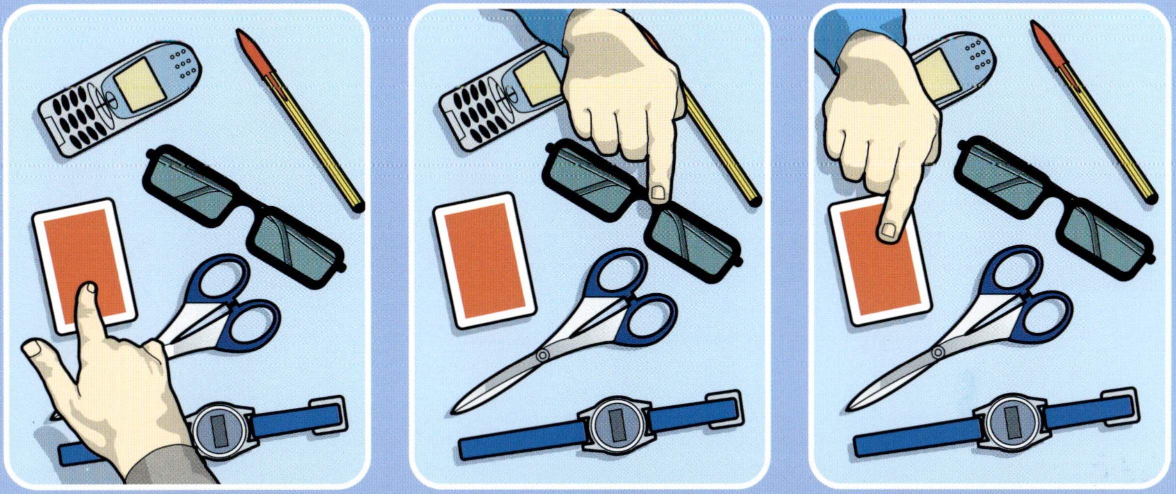

1 **Breiten Sie die Gegenstände auf einem Tisch aus. Während Sie nicht hinsehen, zeigt einer der Zuschauer auf einen Gegenstand. Ihr heimlicher Assistent weiß, welcher es ist.**

2 **Sie drehen sich wieder um und Ihr Gehilfe zeigt nacheinander auf die Gegenstände. Das Geheimnis ist: Nachdem Ihr Gehilfe auf den schwarzen Gegenstand gezeigt hat, ist der darauf folgende der zuvor ausgewählte. Wurde der schwarze Gegenstand selbst ausgewählt, zeigt er zuletzt darauf.**

Die Lage verrät das Geheimnis

DIE TÄUSCHUNG
Während Sie nicht hinsehen, wählt jemand eine von mehreren Karten aus, die auf dem Tisch liegen. Wieder haben Sie und Ihr Gehilfe einen Geheimcode verabredet, der Ihnen verrät, um welche Karte es sich handelt. Sie können mit zehn oder wahlweise neun Karten und der leeren Kartenschachtel spielen. Sie können den Trick also noch einmal in einer anderen Variante wiederholen. Führen Sie aber niemals ein Kunststück zu oft vor; ansonsten könnte Ihnen doch noch jemand auf die Schliche kommen!

SIE BRAUCHEN:
1 Kartenspiel
1 Gehilfen

SCHWIERIGKEIT:
STUFE 1

1 Legen Sie zunächst zehn Karten auf den Tisch, darunter sollte eine Zehn sein. Außen liegen je vier, in der Mitte zwei Karten. Diese Anordnung entspricht dem Muster (in unserem Beispiel: der Herzen) auf der Zehn, die unten rechts liegen sollte. Wenden Sie den Karten den Rücken zu und lassen Sie einen Zuschauer eine Karte bestimmen. Ihr Gehilfe passt auf, welche es ist.

2 Wenden Sie sich wieder um und bitten Sie Ihren Gehilfen, nacheinander auf die Karten zu zeigen. Wenn er auf die Zehner-Karte zeigt, legt er den Finger auf dasjenige Herz, das der Lage der gewählten Karte entspricht. In unserem Beispiel wäre das die Karo Vier.

3 Als Abwandlung dieses Tricks legen Sie neun Karten in drei Reihen zu je drei Karten aus. Diesmal hält Ihr Gehilfe die Kartenschachtel, deren Äußeres in neun Felder entsprechend der Aufteilung der Karten eingeteilt ist. Ihr Gehilfe legt den Daumen auf jenes Rechteck, das der Lage der gewählten Karte entspricht.

Hilfreiche Dominosteine

DIE TÄUSCHUNG

Sie bitten jemanden, Steine wie bei einem normalen Dominospiel aneinander zu legen, und sagen voraus, welches die beiden Zahlen auf dem Endstein sein werden. Dieser Trick funktioniert ganz von allein und beruht auf einem wenig bekannten Prinzip des Dominospiels. Trotzdem wirkt er, wenn Sie sich ganz auf die Präsentation konzentrieren, keinesfalls läppisch. Betonen Sie, dass die Steine in beliebiger Reihenfolge gelegt werden konnten.

SIE BRAUCHEN:

1 Dominospiel

SCHWIERIGKEIT: STUFE 1

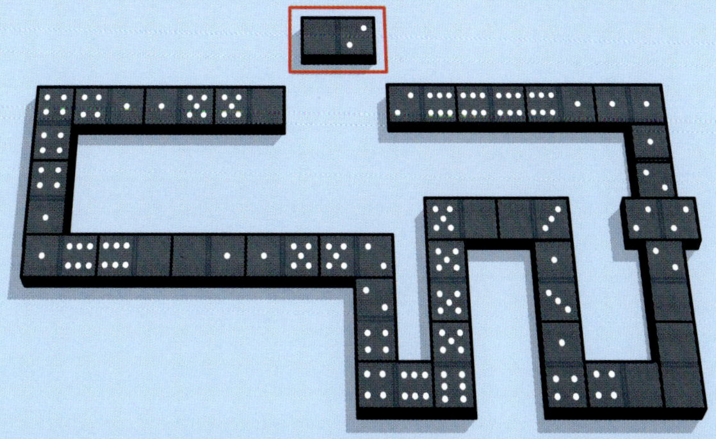

1 **Nehmen Sie einen Stein aus einem Dominospiel heraus. Dieser Stein begründet Ihre Voraussage. Stecken Sie ihn in Ihre Tasche. Alle anderen Steine legen Sie mit der Punktzahl nach oben auf den Tisch. Ein Zuschauer soll diese auf die übliche Art ordnen, sodass an jedes Ende eines Steins ein Ende mit gleicher Punktzahl gelegt wird. Es ist egal, mit welchem Stein die Reihe beginnt. Sind alle Steine ausgelegt, weisen Sie auf die beiden Punktzahlen auf den letzten Steinhälften hin. Holen Sie Ihren Voraussagestein hervor – die Punkte auf ihm entsprechen diesen beiden.**

PRÄSENTATION

- *Dieser Trick funktioniert ganz automatisch. Viele Leute wissen nicht, dass jedes Dominospiel einen geschlossenen Kreis bildet, wenn alle Steine ausgelegt sind. Welchen Stein Sie auch vorher wegnehmen, die Punktzahl auf ihm entspricht immer der Punktzahl auf den beiden Hälften der letzten zwei Steine.*

Der ultimative Mathetrick

DIE TÄUSCHUNG
Aufgrund von Berechnungen mit einer zufällig ausgewählten Zahl sagen Sie ein Wort voraus, das in einem Buch steht. Ein mathematischer Trick: Alles scheint zufällig zuzugehen, doch das Ergebnis ist immer dasselbe: 1089. Mit dieser Zahl können Sie nun die verschiedensten Voraussagen treffen.

SIE BRAUCHEN:
1 Buch
1 Stift
1 Stück Papier

SCHWIERIGKEIT: STUFE 1

VORBEREITUNG
Schlagen Sie die Seite 108 in dem Buch auf und merken Sie sich das erste Wort in der neunten Reihe.

1 Geben Sie einem Zuschauer Stift und Papier und bitten Sie ihn, eine dreistellige Zahl aufzuschreiben, die aus drei verschiedenen Ziffern zwischen eins und neun besteht und bei der die erste und letzte Ziffer sich um mindestens 2 unterscheiden.

2 Nun soll er die Zahl umdrehen und die neue Zahl aufschreiben. Dann wird die kleinere von der größeren Zahl subtrahiert.

3 Die sich ergebende Zahl wird wieder umgekehrt, unter das Ergebnis geschrieben und mit diesem addiert. Nur Sie wissen, dass das Endergebnis immer 1089 ist, egal mit welcher dreistelligen Zahl – zu den obigen Bedingungen – der Zuschauer begonnen hat.

4 **Fragen Sie den Zuschauer, wie viele Ziffern das Endergebnis hat. Tun Sie, als wüssten Sie es nicht, das erhöht die Wirkung. Wenn der Zuschauer die 1089 genannt hat, bitten Sie ihn, die ersten drei Ziffern als eine gesonderte Zahl anzusehen.**

5 **Geben Sie dem Zuschauer ein Buch. Er soll die entsprechende Seitenzahl aufschlagen. Es wird immer Seite 108 sein. Nun bitten Sie ihn, die Zeile aufzusuchen, die der vierten Ziffer seines Endergebnisses entspricht. Es wird immer die neunte Zeile sein.**

6 **Der Zuschauer soll sich auf das erste Wort dieser Zeile konzentrieren. Tun Sie so, als läsen Sie seine Gedanken, und schreiben Sie dann das Wort auf, das Sie sich anfangs gemerkt haben. Der Zuschauer nennt das Wort im Buch und Sie zeigen ihm, dass Sie das gleiche Wort aufgeschrieben haben.**

PRÄSENTATION

- *Da Sie die Zahl, die herauskommt, schon von Anfang an kennen, können Sie die verschiedensten Voraussagen machen.*
- *Der Zuschauer kann zum Beispiel Seite 10 aufschlagen, zur 8. Zeile gehen und dort zum 9. Wort.*
- *Sie können in Ihrer Tasche einen Geldbetrag von 10,89 Euro haben.*
- *Sie können die Zahl 1089 als Voraussage aufschreiben.*
- *Es gibt viele andere Arten, die Zahl 1089 für eine Voraussage zu verwenden. Denken Sie sich etwas aus, das Ihnen gefällt.*

Auf alles vorbereitet

DIE TÄUSCHUNG
Jemand wählt einen von drei Briefumschlägen und Sie haben schon im Voraus denjenigen gekennzeichnet, den er wählen wird. Um auf jede Wahlmöglichkeit vorbereitet zu sein, müssen Sie etwas Vorarbeit leisten. Ihre Voraussage können Sie dann auf drei verschiedene Arten enthüllen, je nachdem, welcher Umschlag gewählt wurde. Doch davon ahnen die Zuschauer nichts – sie werden wieder einmal verblüfft sein.

SIE BRAUCHEN:
3 Briefumschläge
3 passende Karten
1 Filzstift
1 Münze

SCHWIERIGKEIT: STUFE 2

1 Zur Vorbereitung schreiben Sie groß die Zahlen 1, 2 und 3 auf die Rückseite der Umschläge. Auf eine Seite der Münze schreiben Sie die Zahl 1.

2 Zeichnen Sie auf zwei der Karten zwei große Kreuze und auf die dritte einen großen Haken. Die Karte mit dem Haken kommt in Umschlag Nr. 2, die mit den Kreuzen in die anderen zwei.

3 Die Umschläge umdrehen und auf die Vorderseite von Nr. 1 und 2 ein großes Kreuz zeichnen. Auf Umschlag Nr. 3 einen großen Haken zeichnen. Umschläge wieder umdrehen, sodass man die Zahlen sieht; die Münze legen Sie daneben – mit der Zahl nach unten. Jetzt kann es losgehen.

4 Bitten Sie einen Zuschauer, die Münze auf einen der Umschläge zu legen. Je nachdem, welchen Umschlag er wählt, verändert sich Ihr weiteres Vorgehen. Ist es Umschlag 1, bitten Sie den Zuschauer die Münze umzudrehen – die 1 erscheint, Ihre Voraussage für die Nummer des Umschlags!

5 Wählt der Zuschauer Umschlag 2, öffnen Sie die Umschläge 1 und 3 und zeigen die großen Kreuze. Dann öffnen Sie Umschlag Nr. 2 – Sie haben dort einen Haken gemacht, weil er gewählt werden würde!

6 Wird Umschlag Nr. 3 gewählt, drehen Sie die Umschläge Nr. 1 und 2 um und zeigen die Kreuze. Drehen Sie nun Umschlag Nr. 3 um – Sie haben einen Haken darauf gezeichnet, und er wurde auch gewählt! Also waren Sie auf alle drei Möglichkeiten vorbereitet und wussten auf jeden Fall, welcher Umschlag gewählt werden würde.

PRÄSENTATION

- *Seien sie ganz beruhigt, die Zuschauer erfahren nicht, dass Sie auf alle drei Fälle vorbereitet sind, da sie die beiden anderen Möglichkeiten ja nicht gezeigt bekommen.*
- *Zögern Sie bei der Enthüllung Ihrer Voraussage nicht. Prägen Sie sich gut ein, welche Voraussage für welche Nummer gilt, sodass Sie nichts Falsches aufdecken.*
- *Wenn die Umschläge 2 oder 3 gewählt wurden, zeigen Sie zunächst die Voraussage für die nicht gewählten Umschläge. Dadurch wird Spannung aufgebaut.*

Zwei zur Wahl, eins weg!

DIE TÄUSCHUNG

Von einer Anzahl verschiedener Gegenstände werden nach und nach Dinge weggenommen. Sie sagen voraus, was zum Schluss übrig bleibt. Dieses kleine Hellsehkunststück führen Sie am besten innerhalb eines Programms mit verschiedenen Zaubertricks vor.

SIE BRAUCHEN:

6 Alltagsgegenstände
1 Stift
1 Stück Papier

SCHWIERIGKEIT: STUFE 2

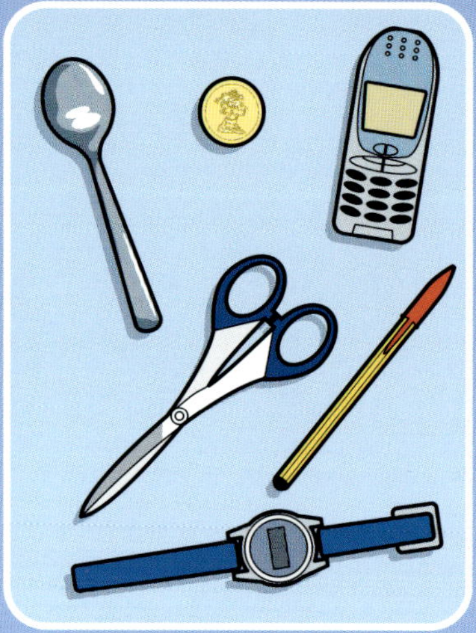

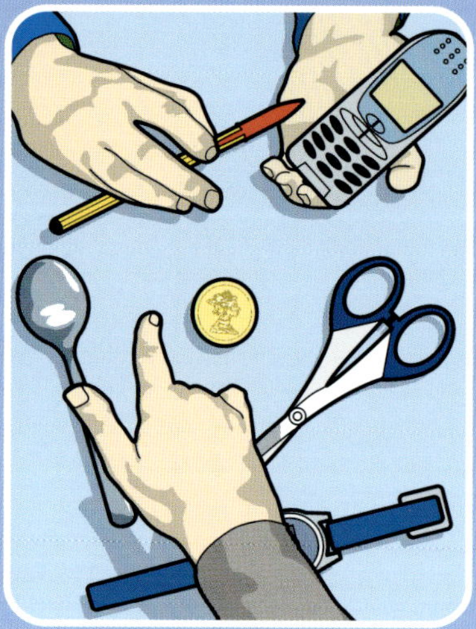

1 Legen Sie sechs verschiedene Gegenstände auf einen Tisch. Sie müssen sich nicht auf sechs beschränken, aber es ist eine gute Anzahl, um den Trick nicht zu sehr in die Länge zu ziehen. Sie können die Gegenstände auch bei den Zuschauern einsammeln.

2 Ohne dass die Zuschauer es sehen, zeichnen Sie einen der Gegenstände auf das Blatt Papier. Dies ist Ihre Vorhersage, welcher Gegenstand als letzter übrig bleiben wird. Papier falten und zur Seite legen.

3 Nehmen Sie zwei der Gegenstände in die Hände, aber nicht den vorhergesagten. Ihr Mitspieler soll auf einen Gegenstand zeigen, dieser wird entfernt. Hat er sich entschieden, legen Sie den Gegenstand zur Seite und den anderen zurück zu der Sammlung.

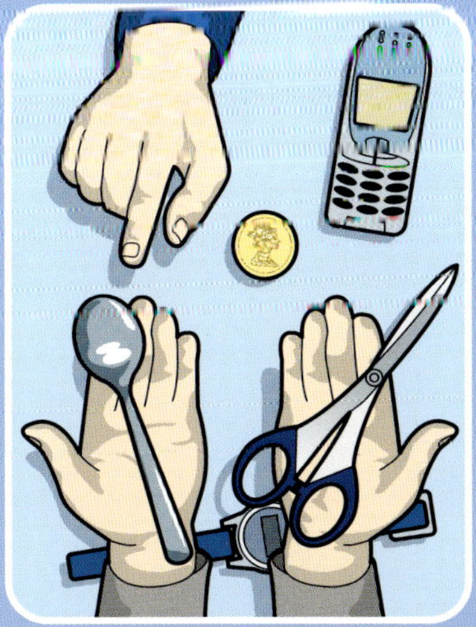

4 **Nun soll Ihr Mitspieler zwei Gegenstände hochnehmen. Falls einer der von Ihnen vorausgesagte ist, wählen Sie den anderen, der dann entfernt wird. Ist der aufgezeichnete Gegenstand nicht dabei, können Sie wählen, welchen Sie wollen.**

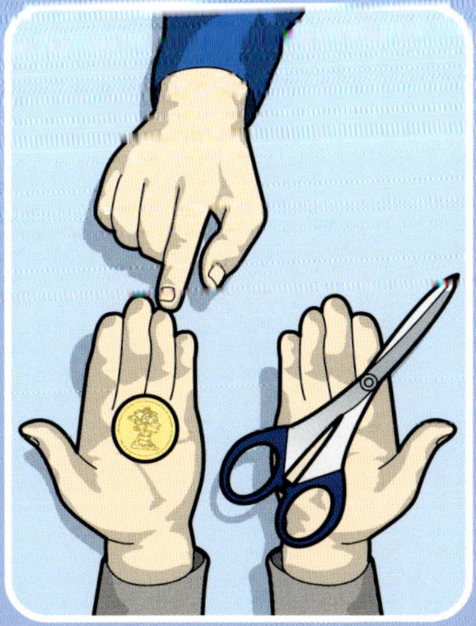

5 **Nehmen Sie nun abwechselnd zwei Gegenstände auf und lassen Sie einen zum Entfernen auswählen. Sie bieten niemals den vorausgesagten Gegenstand an; tut Ihr Mitspieler das, wählen Sie den anderen. Fahren Sie fort, bis nur noch zwei Gegenstände übrig sind, von denen einer der vorhergesagte ist. Sie wählen den anderen – Ihre Voraussage ist eingetroffen!**

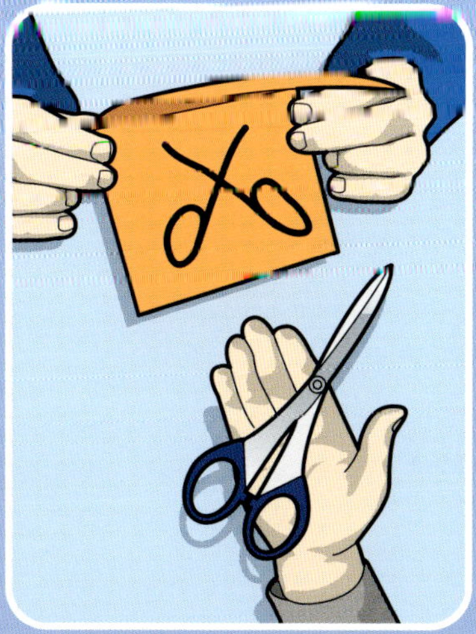

6 **Betonen Sie, dass jeder beliebig auswählen konnte, und Sie beide die Gegenstände entfernten, die Sie wollten. Zeigen Sie, dass Ihre Zeichnung dem übrig gebliebenen Gegenstand entspricht.**

PRÄSENTATION

- *Eine einfache Regel müssen Sie sich merken: Ist die Anzahl der Gegenstände gerade, nehmen zuerst Sie zwei auf, ist sie ungerade, nimmt zuerst der Zuschauer zwei.*
- *Auch wenn alles ohne Ihre Beeinflussung zu geschehen scheint, wird man doch vermuten, dass Sie die Umstände so beeinflusst haben, dass der letzte Gegenstand Ihrer Vorhersage entspricht. Indem Sie betonen, dass Sie beide immer die freie Wahl hatten, welcher Gegenstand entfernt werden soll, wird diese Tatsache verdeckt.*

Die Einhandvolte 1

DIE TÄUSCHUNG
Das Abheben mit einer Hand wird in Zauberkreisen auch Einhandvolte genannt. Allein vorgeführt, ist es eher ein Geschicklichkeitsnachweis als ein Trick. Jedes Zauberprogramm wird sehr schön abgerundet, wenn zwischen den Zauberkunststücken hier und da eine Fingerfertigkeit vorgeführt wird.

SIE BRAUCHEN:
1 Kartenspiel

SCHWIERIGKEIT: STUFE 5

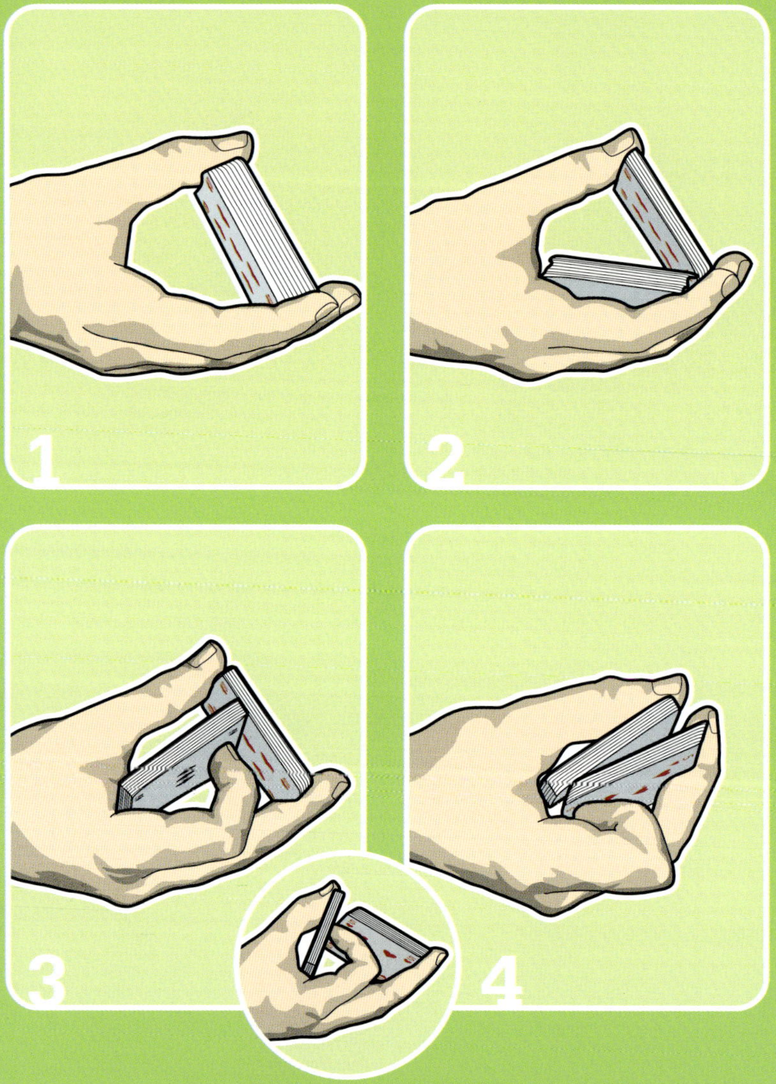

1 **Halten Sie das Kartenspiel über der Handfläche, Finger an der unteren Längsseite, Daumen an der oberen.**

2 **Langsam den Druck des Daumens schwächer werden lassen, bis die untere Kartenhälfte auf die Handfläche fällt.**

3 **Zeigefinger unter diese Kartenhälfte biegen, Fingerspitze an der entfernten Längsseite. Zeigefinger hochdrücken, sodass die Karten nach oben kippen, bis die untere Kartenhälfte an der oberen vorbeigeschoben wird. Obere Hälfte mit dem Daumen loslassen, sie fällt auf den Zeigefinger.**

4 **Zeigefinger einbiegen, bis die obere Kartenhälfte herunterfällt. Die ursprünglich untere Hälfte auf die ursprünglich obere sinken lassen.**

Einhandvolte 2

DIE TÄUSCHUNG
In der Zauberkunst gibt es oft mehr als eine Methode, einen Trick durchzuführen, ganz abgesehen von den verschiedenen Abwandlungen. Diese Art, ein Kartenspiel mit einer Hand abzuheben, ähnelt der vorigen, ist aber vielleicht einfacher. Üben Sie beide Arten um herauszufinden, ob Ihnen eine davon mehr liegt.

SIE BRAUCHEN:
1 Kartenspiel

SCHWIERIGKEIT: STUFE 5

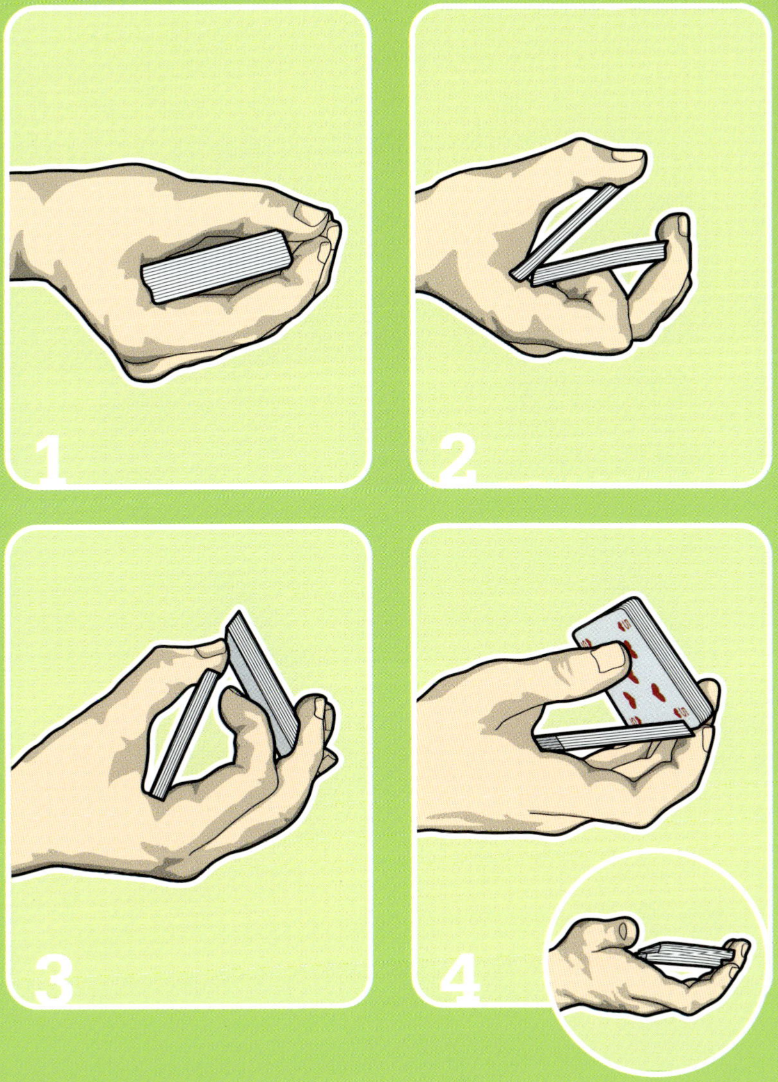

1 Halten Sie das Spiel mit der Längsseite gegen den Daumenballen gedrückt in der Hand. Daumen und Fingerspitze müssen sich hinter dem Spiel berühren.

2 Etwa das halbe Spiel am äußeren Rand mit dem Daumen hochheben und kippen. Gleichzeitig den Zeigefinger unter die untere Hälfte biegen.

3 Zeigefinger nach oben ausstrecken, dadurch untere Hälfte hochdrücken, bis sie über dem Daumen ist.

4 Daumen von der oberen Hälfte loslassen, die in die Handfläche fällt, untere Hälfte auf die obere fallen lassen.

Rollende Münze

DIE TÄUSCHUNG
Auch dies ist ein Kunststück, bei dem es auf Ihre Geschicklichkeit ankommt: Sie lassen eine Münze über die Finger Ihrer Hand rollen. Es ist nicht so schwer, wie es aussieht, aber unglaublich beeindruckend. Man kann es mit Münzen verschiedener Größe durchführen und sogar mit einem Fingerring. Noch mehr Bewunderung ernten Sie, wenn Sie es mit beiden Händen auf einmal können. Außerdem ist dies eine großartige Übung, um die nötige Fingerfertigkeit für andere Tricks zu erlangen.

SIE BRAUCHEN:
1 Münze

SCHWIERIGKEIT: STUFE 5

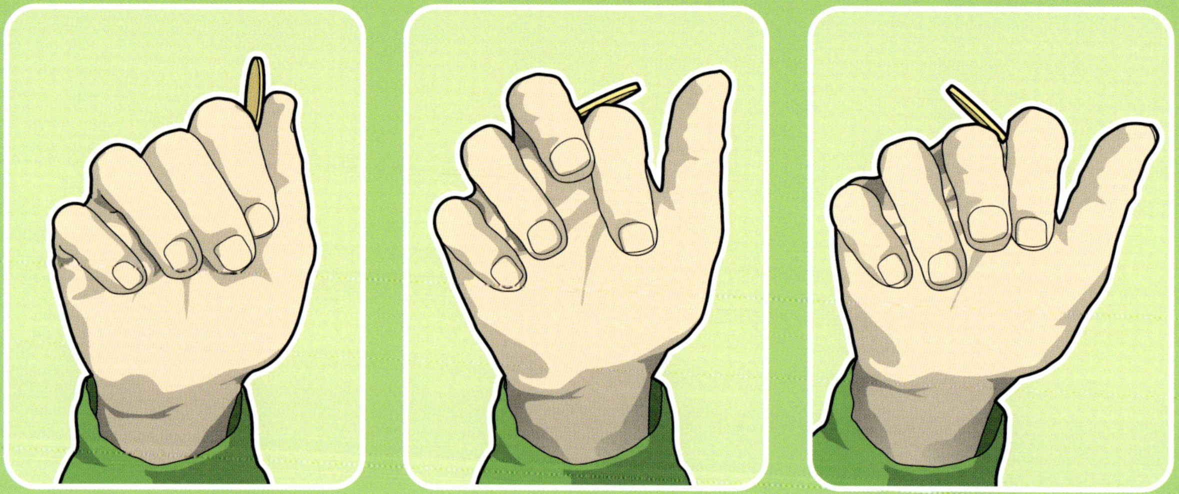

1 **Halten Sie die Münze in der rechten Hand zwischen Daumen und Zeigefinger, genauer: zwischen Knöchel und erstem Gelenk. Die Finger sind dabei gebeugt.**

2 **Mit dem Daumen drücken Sie die Münze langsam nach oben auf den Zeigefinger und heben gleichzeitig den Mittelfinger, sodass sich dessen Unterseite über der Münze befindet.**

3 **Mittelfinger hinunterführen, sodass er auf dem Rand der Münze zu liegen kommt, Zeigefinger nach oben drücken – und die Münze kippt auf Ihren Mittelfinger.**

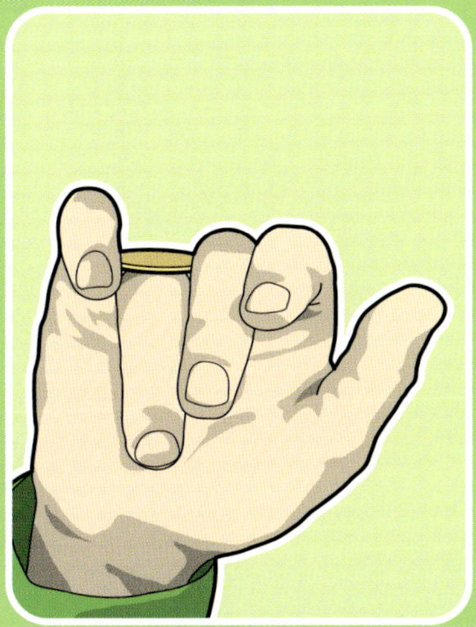

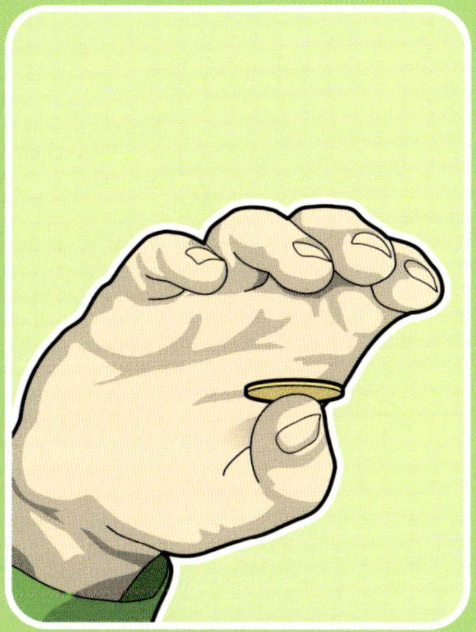

4 Heben Sie den Ringfinger über die Münze, dann diesen abwärts führen und den Mittelfinger nach oben drücken, sodass die Münze nun auf dem Ringfinger liegt. Heben Sie den kleinen Finger über die Münze.

5 Langsam den kleinen Finger wieder abwärts führen, bis die Münze aufrecht zwischen diesem und dem Ringfinger steht.

6 Hand nach rechts drehen, sodass die Münze auf dem kleinen Finger liegt. Daumen quer über die Handfläche führen und die Münze gegen den kleinen Finger drücken.

7 Hand zurückdrehen und die Münze mit dem kleinen Finger loslassen, sodass sie nur auf dem Daumen balanciert. Vorsichtig die Münze unter den Fingern zurück in die Ausgangshaltung bringen. Wiederholen Sie den ganzen Vorgang so oft Sie mögen, und üben Sie auch mit verschieden großen Münzen.

Sternbild

DIE TÄUSCHUNG
Mit nur einer Hand bilden Sie aus einem Gummiband einen Stern. Trotz einiger Übungsschritte dauert das Ganze nur etwa zwei Sekunden. Dies ist einer der vielen Tricks, die man mit Gummibändern ausführen kann. Wenn Sie mehrere davon beherrschen, können Sie jederzeit ein kleines Programm mit Alltagsgegenständen vorführen. Stellen Sie Zauberkunststücke und solche Fingerfertigkeiten zusammen und überzeugen Sie Ihr Publikum, dass Sie einfach alles können!

SIE BRAUCHEN:
1 Gummiband

SCHWIERIGKEIT:
STUFE 3

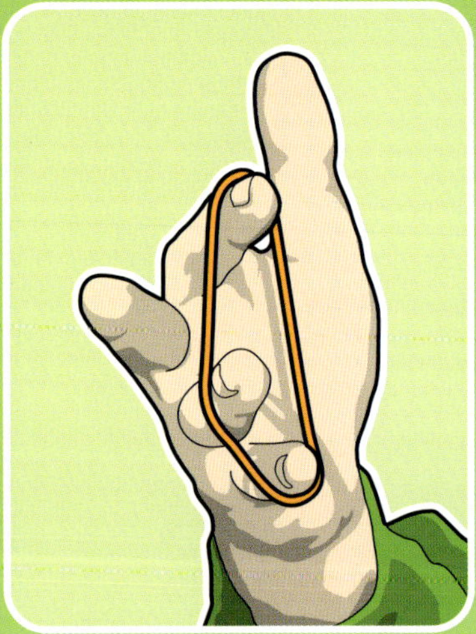

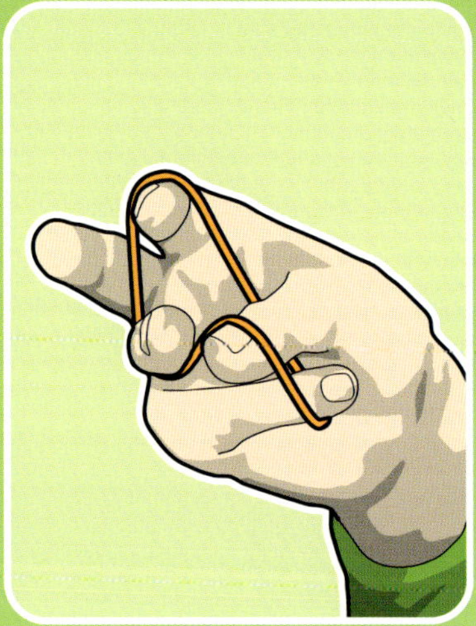

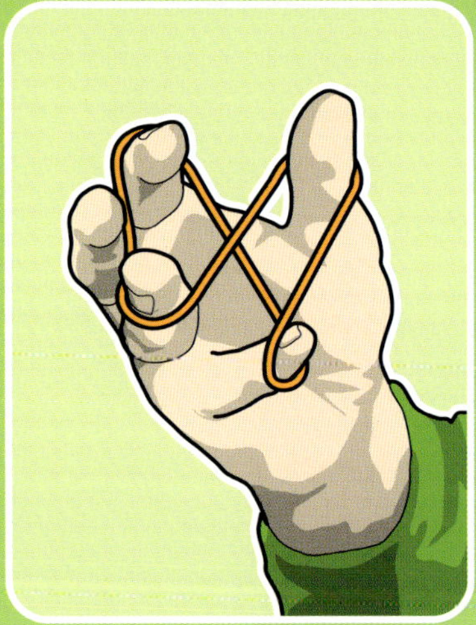

1 **Legen Sie das Gummiband um Ihren Zeige-, Ring- und kleinen Finger, sodass es an den obersten Gelenken gehalten wird.**

2 **Führen Sie den Daumen über das Band, das zwischen Zeige- und kleinem Finger gespannt ist, und dann unter das Bandstück zwischen Ring- und kleinem Finger.**

3 **Mit dem Daumenrücken dehnen Sie das Gummiband, während Sie den Daumen zurück in seine Ausgangsposition führen.**

4 Führen Sie den Mittelfinger über die Bänder, dann unter das Band, das sich vom kleinen Finger zum Daumen spannt.

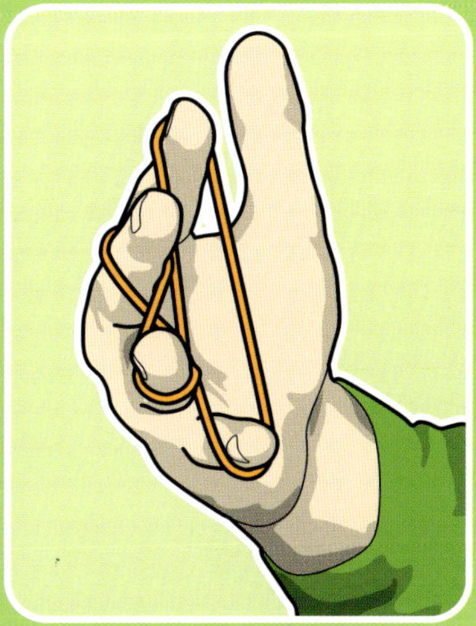

5 Ziehen Sie den Daumen aus dem Gummiband heraus, während Sie den Mittelfinger in seine Ausgangslage bringen und dieser dabei das Band mit zurückzieht.

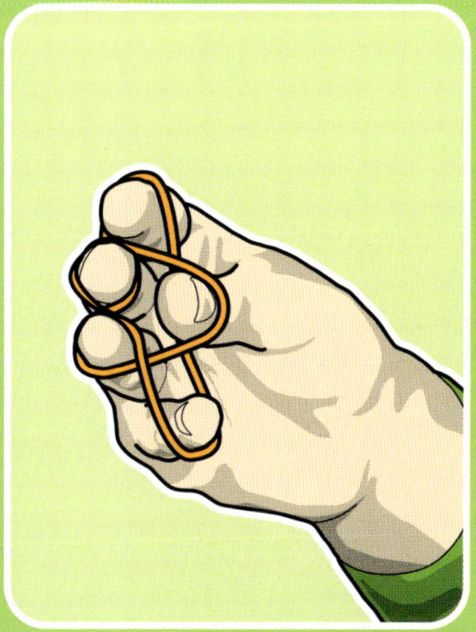

6 Führen Sie den Daumen über das lange Band zwischen Ihrem Zeige- und kleinen Finger und dann unter das Band zwischen Mittel- und Ringfinger.

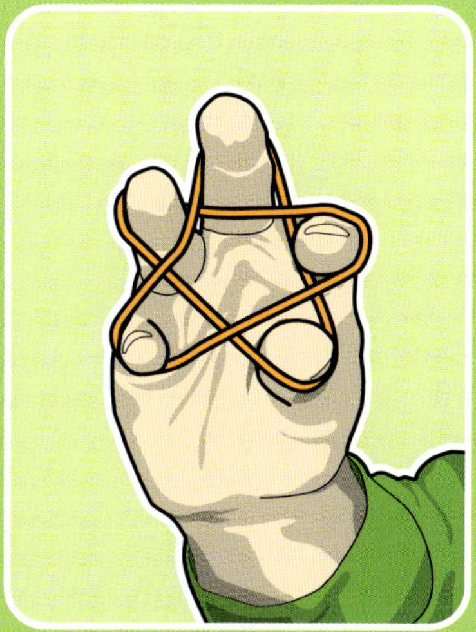

7 Ziehen Sie das Band mit dem Daumen zurück und öffnen Sie die Finger. Ihre Hand hat einen Stern mit fünf Zacken geformt.

Wo ist das Wasser?

DIE TÄUSCHUNG
Das Wasser in einem Glas wird weniger, ohne dass Sie es anrühren. Bei einigen Tricks ist es am besten, wenn sie lediglich einem einzelnen Zuschauer vorgeführt werden. Er wird auf Ihre Anweisung hin die Augen schließen; für weitere Zeugen wäre Ihr Trick ansonsten ein offenes Geheimnis.

SIE BRAUCHEN:
1 Glas Wasser

SCHWIERIGKEIT: STUFE 3

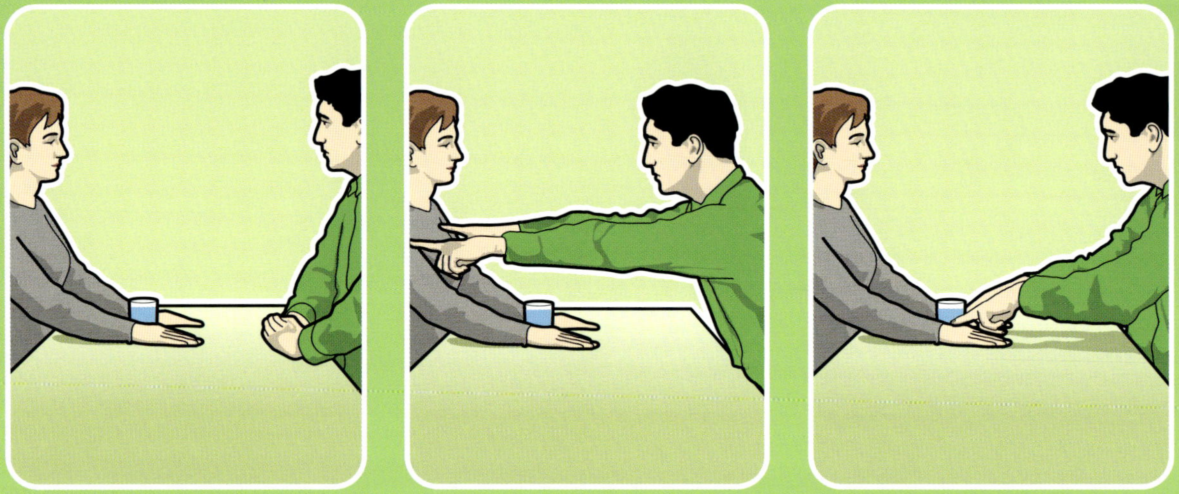

1 Sie sitzen an einem Tisch, Ihnen gegenüber sitzt Ihr Mitspieler und hat ein Glas mit Wasser vor sich stehen. Bitten Sie ihn, beide Hände mit den Handflächen nach unten neben das Glas zu legen.

2 Lehnen Sie sich über den Tisch und legen Sie je einen Zeigefinger an die beiden Arme des Mitspielers genau unterhalb seiner Schultern.

3 Fahren Sie mit Ihren Fingern seinen Arm abwärts. Kurz bevor Sie die Handgelenke erreichen, heben Sie die Finger ganz kurz hoch und legen Sie gleich darauf auf die Handrücken des Mitspielers.

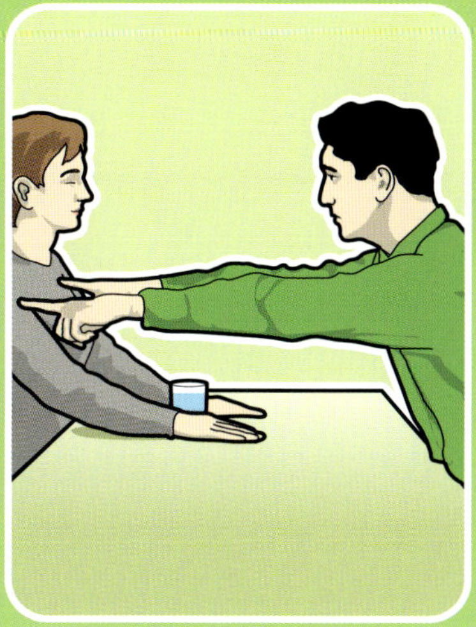

4 Legen Sie die Finger wieder an Ihre Ausgangsposition unterhalb der Schultern. Nun bitten Sie den Mitspieler, die Augen zu schließen.

5 Wie zuvor mit den Zeigefingern die Arme abwärts fahren. Wenn Sie die Finger diesmal vor den Handgelenken hochheben, den rechten kleinen Finger ausstrecken. Linke Hand ganz wegnehmen, und den rechten Zeigefinger auf die rechte Hand des Mitspielers legen, den kleinen Finger auf seine linke. Er wird glauben, er fühlt Ihre beiden Zeigefinger.

6 Mit der freien linken Hand leise das Glas hochnehmen und etwas Wasser trinken – und auch leise schlucken! Dann das Glas lautlos auf genau denselben Platz wie vorher zurückstellen.

7 Linken Zeigefinger neben Ihren rechten bringen. Während Sie den Mitspieler auffordern, die Augen zu öffnen, knicken Sie den kleinen Finger ein und lassen den rechten über seiner linken Hand schweben. Öffnet er die Augen, sind beide Zeigefinger über seinen Händen, als hätten Sie sie gerade hochgehoben. Das Wasser ist weniger geworden, obwohl Sie es doch nicht anrühren konnten.

Vier rollende Münzen

DIE TÄUSCHUNG
Das Rollen von vier Münzen zwischen Ihren Fingern ist in diesem Buch vielleicht die größte Herausforderung an Ihre Fingerfertigkeit. Wenn Sie diesen Trick beherrschen, können Sie sich mit Recht zu den fortgeschrittenen Geschicklichkeitskünstlern zählen. Das Rollen der vier Münzen sieht äußerst eindrucksvoll aus. Es lohnt sich, hartnäckig dafür zu üben.

SIE BRAUCHEN:
4 gleich große Münzen

SCHWIERIGKEIT: STUFE 5

1 Halten Sie die vier Münzen aufeinander gestapelt in Ihrer rechten Hand, mit dem Daumen am oberen und Zeige- und Mittelfinger am unteren Rand.

2 Während Sie die Münzen zwischen Daumen und Zeigefinger halten, biegen Sie nun den Mittelfinger hoch und nach innen. Führen Sie den Ringfinger über Ihre Handfläche, sodass die Münzen auf ihm und dem Zeigefinger aufliegen. Ihr kleiner Finger ruht jetzt am linken Rand der Münzen.

3 Hand leicht nach links beugen. Den Druck des Daumens abschwächen, damit die ersten zwei Münzen nach links rollen, während Sie die letzten beiden weiter mit dem Daumen halten. Die vorderen zwei Münzen liegen nun auf Zeige- und Ringfinger, Mittel- und kleiner Finger liegen mit den Außenseiten darauf. Die Außenseite des Mittelfingers berührt auch den oberen Rand der hinteren Münzen.

4 Mit dem Daumen die innerste Münze nach rechts rollen, während der kleine Finger beginnt, die äußerste Münze um den Ringfinger herum nach links zu rollen. Führen Sie die Bewegungen in aller Ruhe aus, und halten Sie mit dem Mittelfinger Kontakt mit den anderen zwei Münzen.

5 Weiter mit Daumen und kleinem Finger die jeweiligen Münzen nach rechts und links rollen. Langsam den Mittelfinger nach unten führen, wodurch die beiden mittleren Münzen auseinander gedrückt werden.

6 Mit Daumen und kleinem Finger die zwei Münzen weiter nach außen rollen, während der Mittelfinger so weit nach unten geht, dass er zwischen den mittleren Rändern der beiden mittleren Münzen eingeklemmt ist. Nun sind alle Münzen ganz zu sehen und zwischen jedem Finger und Daumen liegt eine Münze.

7 Um das Kunststück zu vollenden, biegen Sie die Finger eng zusammen einwärts, wobei Sie die Münzen so drehen, dass sie nun nicht mehr quer, sondern längs zwischen Ihren Fingern liegen.

Fehlt ein Glas?

DIE TÄUSCHUNG
Sie halten ein Tuch in der Hand, unter dem sich nichts befindet. Doch dann holen Sie ein Weinglas darunter hervor. Bei diesem Trick sind die Bewegungen einfach, aber die Stimmigkeit der Gesten und die Gleichzeitigkeit der Abläufe sind wichtig und erfordern Übung. Wenn alles elegant abläuft, wird Ihr Publikum über Ihre magischen Talente erstaunt sein.

SIE BRAUCHEN:
1 Weinglas
1 Tuch

SCHWIERIGKEIT: STUFE 4

VORBEREITUNG
Stellen Sie das Glas mit der Öffnung nach unten auf Ihren Schoß. Sein Fuß steht auf Höhe der unteren Tischkante.

1 **Legen Sie das Tuch flach auf Ihre linke Handfläche. Klopfen Sie mit der rechten Hand darauf, um zu zeigen, dass sich nichts darunter befindet.**

2 **Sehen Sie das Tuch beschwörend an und schnipsen Sie mit den Fingern der rechten Hand. Die Finger der linken Hand gleichzeitig nach oben beugen, damit es so aussieht, als würde etwas unter dem Tuch erscheinen.**

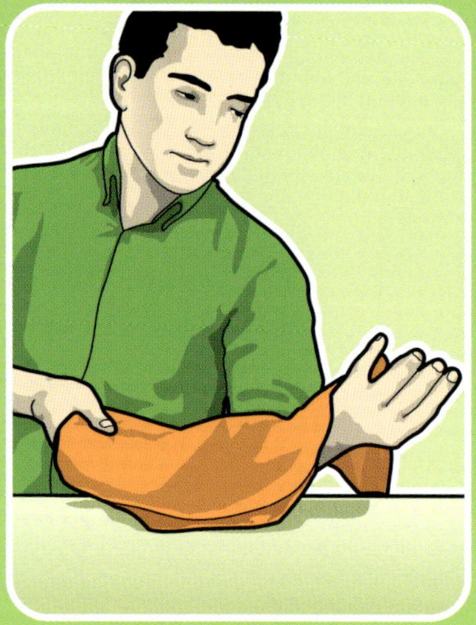

3 **Tuch mit rechts an der Ihnen zugewandten Ecke ergreifen und langsam zum Tischrand ziehen. Gebannt auf die linke Hand schauen. Wenn die rechte Hand hinter dem Tischrand ist, mit Mittel- und Ringfinger den Glasstil ergreifen. Gleichzeitig linke Hand nach vorn schieben, sodass die Finger enthüllt werden.**

4 Beim Anblick der leeren Finger entspannt sich das Publikum. In dem Moment mit der rechten Hand das Weinglas unter dem Tuch über den Tisch heben. Es ist noch immer unter der Handfläche, die nach oben gekehrt ist. Sie sehen auf Ihre linke Hand und witzeln darüber, dass nur Ihre Finger zum Vorschein kamen.

5 Nun die rechte Hand vom Rand weg über den Tisch führen, die Finger leicht biegen, damit der Glasfuß nicht zu sehen ist. Mit der linken Hand auf das Tuch klopfen, um zu zeigen, dass nichts darunter ist.

6 Mit der linken Hand das Tuch in der Mitte hochziehen, gleichzeitig die Finger der rechten Hand nach innen beugen, sodass das Glas nach oben in die Handfläche kippt. Tuch wieder loslassen.

7 Weinglas unter dem Tuch am Stil fassen. Das Tuch mit der rechten Hand an der Ihnen zugewandten Ecke wegziehen – seltsamerweise ist ein Weinglas in Ihrer Hand erschienen!

Fingerknacken

DIE TÄUSCHUNG
Sie biegen Ihren Finger zurück und das Publikum hört ein lautes Knacken. Ein einfacher Gag, den Sie zum Beispiel vorführen können, bevor Sie mit einem Programm beginnen. Da er jedoch sehr realistisch wirken kann, achten Sie darauf, dass im Publikum niemand mit schwachen Nerven sitzt!

SIE BRAUCHEN:
2 Hände

SCHWIERIGKEIT: STUFE 1

1 **Halten Sie Ihre rechte Hand hoch, die Finger leicht gespreizt. Umfassen Sie mit der linken Hand locker den rechten Zeigefinger.**

2 **Linke Hand nach vorn und dabei rechten Zeigefinger leicht rückwärts biegen. Im selben Moment mit dem linken Daumen gegen die linken Finger schnipsen, sodass ein knackendes Geräusch entsteht. Die Zuschauer werden denken, der rechte Zeigefinger hätte geknackt.**

PRÄSENTATION
- *Üben Sie das Schnipsen mit Daumen und Fingern, sodass Sie jedes Mal ein knackendes Geräusch erzeugen können.*
- *Führen Sie diesen kleinen Gag am Anfang eines Programms vor und erklären Sie, dass Zauberer sich gern etwas lockern, um ihre Hände auf die Arbeit vorzubereiten. Sie würden das Gleiche noch mit den anderen Fingern machen.*
- *Sie können auch die Finger eines Freiwilligen knacken lassen – aber nicht zu weit nach hinten biegen!*

Krawatten-Aufribbeln

DIE TÄUSCHUNG

Diesen amüsanten Trick können Sie aus dem Stegreif vorführen. Wann immer sich jemand mit Krawatte als Freiwilliger zur Verfügung stellt, können Sie ihm mit diesem Trick einen Schrecken einjagen! Ihre Zuschauer werden sich köstlich amüsieren, wenn sie sehen, wie eine Krawatte aufgeribbelt wird, ohne dass sie wirklich Schaden nimmt.

SIE BRAUCHEN:

1 Freiwilligen mit Krawatte

SCHWIERIGKEIT: STUFE 2

1 Sie stehen links vom Freiwilligen und nehmen mit der rechten Hand, Handfläche nach oben, seine Krawatte. Daumen oben, Finger unter der Krawatte. Tun Sie so, als sähen Sie einen Faden und zupften Sie ihn mit der linken Hand von der Krawattenspitze.

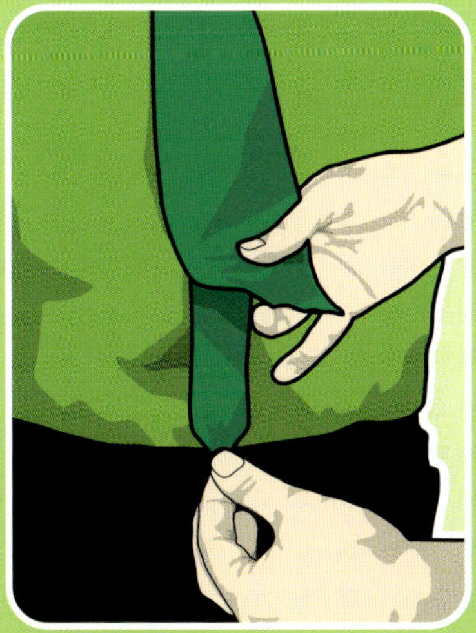

2 Halten Sie den unsichtbaren Faden in der linken Hand und ziehen Sie ihn aus der Krawatte heraus. Währenddessen mit dem rechten Mittelfinger ein paar Mal gegen die Krawatte schnipsen, sodass sie – vom »Faden« hin und her gezogen – flattert. Tun Sie so, als zögen Sie immer mehr Faden heraus, dabei das Schnipsen wiederholen.

3 Nun tun Sie so, als zögen Sie das letzte Stück Faden heraus. Gleichzeitig rechten Daumen nach unten gegen die Finger drücken und dann in einer schnellen Bewegung auf den Freiwilligen zu. Die Krawattenspitze biegt sich nach innen, und es sieht aus, als hätten Sie ein ganzes Stück aufgeribbelt.

Schrumpfender Bleistift

DIE TÄUSCHUNG
Ein Bleistift scheint in Ihrer Hand auf die Hälfte seiner Länge zu schrumpfen. Üben Sie diesen Trick vor einem Spiegel, Sie werden selbst erstaunt sein von der optischen Täuschung.

SIE BRAUCHEN:
1 Bleistift

SCHWIERIGKEIT: STUFE 2

1 Halten Sie den Bleistift etwa in Schulterhöhe in Ihrer rechten Hand, die Hand nach der Seite ausgestreckt. Halten Sie den Stift ganz am Ende, damit so viel wie möglich von ihm zu sehen ist. Das macht den Trick eindrucksvoller.

2 Führen Sie die linke Hand seitlich davor, bis etwa die Hälfte des Stifts von Ihren Fingern verdeckt ist. Nehmen Sie nun den Stift mit der linken Hand, lassen Sie ihn gleichzeitig mit der rechten los und bewegen Sie diese nach rechts.

3 Die rechte Hand wieder nach links führen und den Stift so greifen, dass die Hälfte durch die rechten Fingern verdeckt ist. Gleichzeitig linke Hand loslassen und nach links führen. Abwechselnd mit jeder Hand greifen und loslassen, immer schneller werden. Der Stift schrumpft!

Der unsichtbare Euro

DIE TÄUSCHUNG
Sie werfen einen unsichtbaren Euro hoch, den das Publikum in einer Papiertüte landen hört. Sie greifen in die Tüte und holen den Euro heraus – der ganz offensichtlich aus dem Nichts erschienen ist! So können Sie Ihre Zuschauer nicht nur durch optische Tricks, sondern auch durch Geräusche in die Irre führen.

SIE BRAUCHEN:
1 Euro
1 Papiertüte
1 Hemd mit langen Ärmeln

SCHWIERIGKEIT:
STUFE 2

1 **Bevor Sie beginnen, bringen Sie einen Euro in Ihrem linken Ärmel unter. Die Papiertüte mit Daumen außen und Mittel- und Ringfinger innen halten. Mit der linken Hand die Tüte öffnen. Tun Sie, als würden Sie eine Münze aus der Tasche holen und in die Luft werfen. Folgen Sie der Flugbahn mit den Augen.**

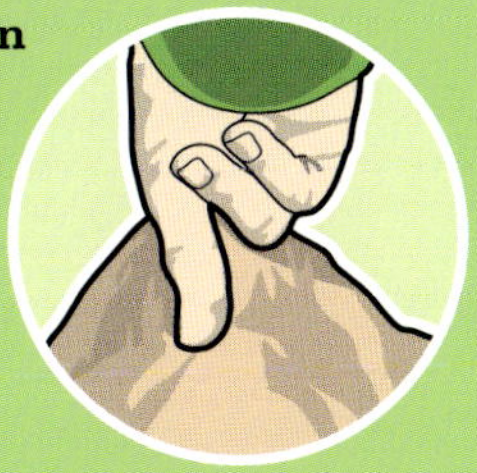

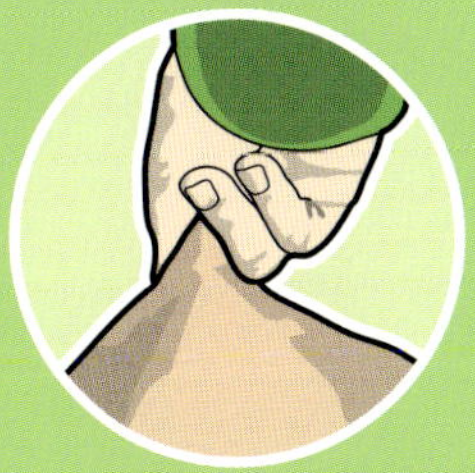

2 **Wenn die Münze angeblich in die Tüte fällt, sehen Sie hin und schnipsen Sie mit dem Daumen gegen die Finger. Es entsteht ein knisterndes Geräusch, als würde die Münze in der Tüte landen.**

3 **Nun mit der linken Hand in die Tüte greifen. Wenn Sie den Arm nach unten ausstrecken, fällt die Münze aus dem Ärmel in Ihre Finger. Ihre Hand muss von der Tüte verdeckt sein, bevor der Euro auftaucht! Greifen Sie tief in die Tüte und halten Sie den Euro hoch.**

Der verbogene Löffel

DIE TÄUSCHUNG
Das Verbiegen von Besteck ist eine bei Zauberern beliebte optische Täuschung – viele haben diesen Trick sicher schon mal im Fernsehen gesehen. Trotzdem ist es immer wieder verblüffend, selbst zu erleben, wie ein Silberlöffel mal so eben verbogen wird. Und Sie brauchen sich nicht auf Löffel zu beschränken: Jedes Besteckteil ist geeignet!

SIE BRAUCHEN:
1 Esslöffel

SCHWIERIGKEIT: STUFE 3

1 Halten Sie den Löffel in der rechten Hand, die Außenwölbung zeigt zum Publikum, die Spitze berührt den Tisch. Ihr Daumen liegt auf dem Stielende.

2 Linke Hand nach vorn führen, die Finger liegen auf den Rückseiten der rechten Finger. Heimlich den rechten kleinen Finger hinter den Stiel dicht über der Löffelwölbung führen. Linken Daumen neben den rechten legen. Beide Daumen berühren die Zeigefinger und verdecken den Stiel.

3 Löffelspitze unverändert halten und beide Hände Richtung Tisch führen, wodurch der Löffel abwärts gegen Ihren kleinen Finger gedrückt wird. Kippen Sie die Hände etwas nach vorn, während Sie sie gleichzeitig nach unten bewegen. Beide Daumen bleiben an den Zeigefingern und verdecken so den Stiel (der sich tatsächlich schon weiter unten befindet).

4 **Hände weiter nach unten führen, dabei weiter nach vorn kippen, bis Ihr rechter kleiner Finger auf den Tisch auftrifft. Von vorn sieht es aus, als sei der Löffel verbogen. Die Daumen bleiben noch auf den Fingern und verdecken die Stelle, wo der Stiel sein sollte.**

5 **Führen Sie die Hände gerade nach oben, und der Löffel kippt hoch. Wenn er aufrecht steht, rutschen Sie mit der linken Hand am Stiel abwärts, damit Ihr rechter kleiner Finger verdeckt bleibt.**

6 **Drehen Sie den Löffel um 180 Grad, indem Sie die rechte Hand nach vorn kippen und die linke Hand nach oben und auf sich zu bewegen. Rechten kleinen Finger vor den Stiel bringen, den Sie gleichzeitig zwischen linken Zeige- und Mittelfinger klemmen. Zeigen Sie dem Publikum, dass der Löffel wieder in seinem ursprünglichen Zustand ist.**

PRÄSENTATION

- *Üben Sie die Bewegungen, bis Sie diese fließend ausführen können. Sicher werden Sie bald den Löffel aufnehmen und die Hände sofort in der richtigen Position für den Trick halten können.*
- *Tun Sie, als würden Sie den Löffel wirklich verbiegen, was sehr anstrengend wäre. Biegen Sie ihn langsam, man muss Ihnen die Mühe ansehen. Auch Ihre Hand- und Armmuskeln sollten sich überzeugend anspannen.*

Magische Wanderung

DIE TÄUSCHUNG
Sie stecken einen Gegenstand, zum Beispiel einen kleinen entleerten Tischfeuerwerkskörper oder einen Fingerhut, unter Ihren Arm und schließlich taucht der Gegenstand hinter Ihrem Knie wieder auf. Dieser witzige Trick kann mit vielen Sachen durchgeführt werden. Sie können ihn auch mehrmals vor derselben Person wiederholen, ohne dass diese Ihnen auf die Schliche kommen wird.

SIE BRAUCHEN:
1 kleinen Party-Popper (Tischfeuerwerk) oder Fingerhut

SCHWIERIGKEIT: STUFE 1

1 **Vergewissern Sie sich, dass das Tischfeuerwerk leer ist, also all sein Konfetti verschossen hat. Stecken Sie es auf Ihren rechten Daumen. Ballen Sie die Hand zu einer lockeren Faust, der Daumen zeigt nach oben.**

2 **Stecken Sie Ihren Daumen unter den linken Arm. Sobald er nicht mehr zu sehen ist, Daumen unter die gekrümmten Finger biegen, mit diesen den Party-Popper ergreifen und den Daumen herausziehen. Arm gegen Ihre Körperseite drücken, als steckte der Party-Popper unter Ihrem Arm.**

3 **Ziehen Sie die Hand mit erhobenem Daumen unter dem Arm hervor und zeigen Sie, dass der Party-Popper verschwunden ist. Die Zuschauer werden denken, er sei unter Ihrem Arm.**

4 Führen Sie die rechte Hand nach unten und hinter Ihr rechtes Knie. Achten Sie darauf, dass der Party-Popper immer von Ihren Fingern verdeckt ist.

5 Verdeckt hinter dem Knie, biegen Sie den Daumen zurück unter die Finger und stecken ihn wieder in den Party-Popper. Strecken Sie den Daumen aus und führen Sie die Hand mit dem Party-Popper auf dem Daumen wieder nach vorn.

6 Es sieht aus, als wäre der Party-Popper von seinem Platz unter Ihrem linken Arm hinter Ihr rechtes Knie gewandert. Halten Sie zum Schluss den Party-Popper mit einer »Daumen-hoch«-Geste vor sich.

PRÄSENTATION

- *Ein Party-Popper passt perfekt zu diesem Trick, aber Sie können auch alle möglichen anderen Gegenstände verwenden: Einen Fingerhut, den Schuber einer Streichholzschachtel, gerolltes Papiergeld – alles, was seine Form beibehält, wenn Sie es auf den Daumen stecken.*
- *Achten Sie darauf, dass Ihr Daumen unter Ihrem Arm und hinter Ihrem Knie wirklich nicht zu sehen ist, wenn Sie ihn bewegen. Üben Sie diesen Trick vor einem Spiegel, um seine Wirkung zu überprüfen.*

Münzen-Karten-Sandwich

DIE TÄUSCHUNG

Sie haben zwei Spielkarten in den Händen und zeigen Ihrem Publikum jeweils beide Seiten. Dann legen Sie die Karten zusammen, reiben Sie gegeneinander – und dazwischen erscheint eine Münze. Auch dieser Trick wird oft von Profizauberern vorgeführt. Hier kommt es nicht auf Schnelligkeit an; führen Sie das Kunststück langsam, aber wie immer flüssig aus.

SIE BRAUCHEN:

2 Spielkarten
1 Münze

SCHWIERIGKEIT: STUFE 3

1 Bevor Sie anfangen, legen Sie eine Münze in Ihre rechte Hand nahe den Fingerspitzen. Eine Karte so in die rechte Hand nehmen, dass sie die Münze verdeckt, die andere in die linke Hand. Beide Karten mit dem Bild nach unten halten, Finger sind leicht gebogen.

2 Karten hoch kippen, sodass Ihr Publikum sie von vorn sieht. Mit den Daumen nach vorn drücken, bis die Fingerspitzen die Karten halten. Die Münze bleibt an ihrem Platz, von Ihren Fingern verborgen.

3 Karten sinken lassen, mit dem Daumen zurückziehen. Linke Karte etwa zu einem Drittel über die rechte legen. Sobald die beiden Karten übereinander liegen, Münze nach links schieben, mit den linken Fingern greifen und gegen das Bild der linken Karte halten.

4 Rechte Karte umdrehen, indem der Mittelfinger obenauf gelegt und sie zwischen Mittel- und Zeigefinger einmal umgedreht wird. Wieder Karten übereinander legen, dieses Mal Münze nach rechts schieben und gegen das Bild der rechten Karte halten.

5 Linke Karte auf die gleiche Weise wie die rechte umdrehen. Beide Karten liegen nun mit der Bildseite oben, und das Publikum hat ihre Rück- und Vorderseiten gesehen. Die Münze ist hinter der rechten Karte verborgen. Sie halten Sie mit den Fingerspitzen.

6 Linke Karte so unter die rechte legen, dass sie etwa 2,5 Zentimeter hervorschaut. Die Münze liegt nun zwischen beiden Karten. Kippen Sie die Karten etwas nach vorn und reiben Sie sie gegeneinander, sodass die Münze langsam nach vorn rutscht.

7 Schließlich erscheint die Münze zwischen den beiden Karten. Halten Sie die linke Hand mit der Handfläche nach oben und lassen Sie die Münze hineinfallen. Das Erscheinen der Münze garantiert staunende Zuschauer.

Kerze im Wind

DIE TÄUSCHUNG

Sie löschen eine Kerze, indem Sie durch eine Weinflasche hindurchblasen. Wie das geht? Magie stützt sich nicht immer auf das Geschick des Zauberers, manchmal helfen Ihnen auch die Kräfte der Natur.

SIE BRAUCHEN:

1 Kerze
1 Weinflasche

SCHWIERIGKEIT: STUFE 1

1 **Zünden Sie die Kerze an und halten Sie diese in der rechten Hand. Halten Sie die Flasche in der linken Hand – zwischen Ihrem Gesicht und der Kerze. Der Abstand sollte jeweils etwa zehn Zentimeter betragen.**

2 **Pusten Sie sehr stark gegen die Flasche und die Kerze wird erlöschen. Der Luftzug wird um die Flasche herum und dahinter weitergetragen.**

PRÄSENTATION:

- *Probieren Sie aus, wie nah an der Flasche die Kerze sein muss, damit sie erlischt. Testen Sie auch, wie weit weg Sie sein können und wie stark Sie blasen müssen.*
- *Dies ist eine lustige Art, am Ende einer Party eine Kerze auszublasen. Wenn sie tief genug steht, stellen Sie die Weinflasche davor auf den Tisch, beugen Sie sich vor und blasen Sie die Kerze durch die Flasche hindurch aus.*
- *Seien Sie beim Umgang mit brennenden Kerzen immer besonders vorsichtig!*

Hüpfender Apfel

DIE TÄUSCHUNG
Sie werfen einen Apfel auf den Fußboden und er hüpft wieder hoch. Jeder weiß, dass Äpfel nicht wie Bälle springen können – aber da das Publikum diesen Vorgang gleichzeitig sieht und hört, können Sie es vielleicht vom Gegenteil überzeugen. Wenn Sie die Bewegungen und das zeitliche Zusammenspiel erst einmal beherrschen, können Sie den Trick mit allen Dingen vorführen, die klein genug sind, um in Ihre Hand zu passen.

SIE BRAUCHEN:
1 Apfel oder eine andere runde Frucht

SCHWIERIGKEIT: STUFE 3

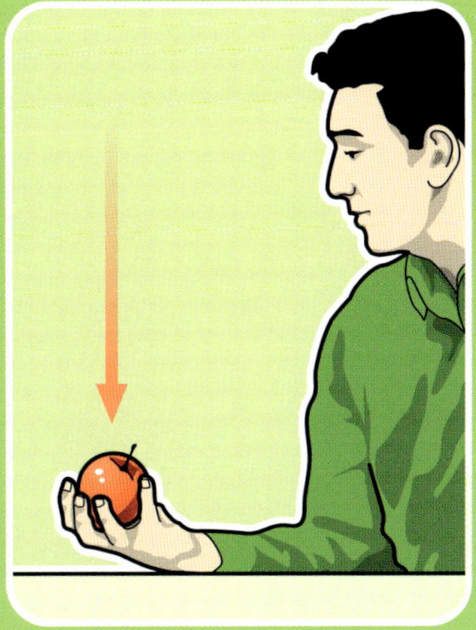

1 **Sie sitzen an einem Tisch, nehmen einen Apfel in die Hand und drehen sich nach rechts. Senken Sie die Hand, als wollten Sie den Apfel zu Boden werfen, dabei dorthin schauen.**

2 **Wenn Ihre Hand am tiefsten ist, heben Sie die rechte Fußspitze und schlagen laut auf den Boden auf. Gleichzeitig die Handfläche nach oben drehen und das Handgelenk mit Schwung nach oben kippen, sodass der Apfel in die Luft fliegt.**

3 **Die rechte Hand ist unter dem Tisch geblieben, als der Apfel in die Luft geworfen wurde. Bringen Sie diese nun über den Tisch und fangen Sie den Apfel auf. Das Publikum wird glauben, der Apfel ist vom Boden wieder hochgesprungen und Sie haben ihn gefangen.**

Register

Danksagungen

Ich möchte allen Zauberern danken, die mich und meinen Weg zur Magie geprägt haben. Manche wissen sehr wohl um ihren Einfluss, anderen ist nicht bewusst, dass ich ihnen große Dankbarkeit schulde. Durch sie habe ich viel über die wunderbare Welt der Magie gelernt und bin jetzt in der Lage, etwas von meinem Wissen an Sie, die Leser, weiterzugeben.

Danke an alle bei Hamlyn, die dieses Buch aus meinem Kopf und zu Papier gebracht haben. Meinen Eltern möchte ich dafür danken, dass sie mir geholfen haben herauszufinden, dass ich Profizauberer werden wollte. Danke, Vanuatu. An erster Stelle widme ich dieses Buch meiner Frau Melanie und meinem Sohn Zachary. Sie bringen so viel Glück und Lachen in mein Leben und ich liebe sie beide mehr als alles in der Welt.